INTELIGÊNCIA ARTIFICIAL

REGULAÇÃO ÉTICA A PARTIR DAS REGRAS DE PROTEÇÃO DOS DADOS PESSOAIS

Eduarda Moraes Chacon Rosas

INTELIGÊNCIA ARTIFICIAL

REGULAÇÃO ÉTICA A PARTIR DAS REGRAS DE PROTEÇÃO DOS DADOS PESSOAIS

GZ
EDITORA
Rio de Janeiro
2023

1ª edição – 2023

Diagramação: *Olga Martins*

Imagem da capa: *rawpixel.com no Freepik*

CIP-BRASIL. CATALOGAÇÃO NA PUBLICAÇÃO
SINDICATO NACIONAL DOS EDITORES DE LIVROS, RJ

R714i

Rosas, Eduarda Moraes Chacon
Inteligência artificial : regulação ética a partir das regras de proteção dos dados pessoais / Eduarda Moraes Chacon Rosas. - 1. ed. - Rio de Janeiro : GZ, 2023.
230 p. ; 23 cm.

Inclui bibliografia e índice
ISBN 978-65-5813-074-1

1. Direito à privacidade - Brasil. 2. Proteção de dados - Legislação - Brasil. 3. Internet - Legislação - Brasil. 4. Inteligência artificial. 5. Tecnologia e direito. 6. Direito e ética. I. Título.

23-84457 CDU: 343.45:004.8(81)

Meri Gleice Rodrigues de Souza - Bibliotecária - CRB-7/6439

13/06/2023 19/06/2023

contato@editoragz.com.br
www.editoragz.com.br
Estrada do Capuava, nº 1325 - Box Q - CEP 06715-410
Bairro Barro Branco - Município de Cotia - SP
Tels.: (0XX21) 99585-0737 / 99755-0737

Impresso no Brasil
Printed in Brazil

À minha família.

There are two processes which we adopt consciously or unconsciously when we try to prophesy. We can seek a period in the past whose conditions resemble as closely as possible those of our day, and presume that the sequel to that period will, save for some minor alterations, be repeated. Secondly, we can survey the general course of development in our immediate past, and endeavor to prolong it into the near future. The first is the method of the historian; the second that of the scientist. Only the second is open to us now, and this only in a partial sphere. By observing all that Science has achieved in modern times, and the knowledge and power now in her possession, we can predict with some assurance the inventions and discoveries which will govern our future. We can but guess, peering through a glass darkly, what reactions these discoveries and their applications will produce upon the habits, the outlook and the spirit of men. [...] It is therefore above all things important that the moral philosophy and spiritual conceptions of men and nations should hold their own amid these formidable scientific evolutions. It would be much better to call a halt in material progress and discovery rather than to be mastered by our own apparatus and the forces which it directs. There are secrets too mysterious for man in his present state to know, secrets which, once penetrated, may be fatal to human happiness and glory. But the busy hands of the scientists are already fumbling with the keys of all the chambers hitherto forbidden to mankind. Without an equal growth of Mercy, Pity, Peace and Love, Science herself may destroy all that makes human life majestic and tolerable. There never was a time when the inherent virtue of human beings required more strong and confident expression in daily life; there never was a time when the hope of immortality and the disdain of earthly power and achievement were more necessary for the safety of the children of men.[1]

1 AMERICA'S NATIONAL CHURCHILL MUSEUM. **Fifty years hence, 1931** (speeches). Disponível em: https://www.nationalchurchillmuseum.org/fifty-years-hence.html. Acesso em: 1º fev. 2022.

APRESENTAÇÃO

A ideia de escrever sobre regulação da inteligência artificial a partir da perspectiva da proteção de dados começou como um projeto no mestrado, na Universidade de Brasília. Em minha vivência acadêmica, desde os primeiros contatos com o universo da pós-graduação em sentido estrito, me deparei com um problema que, primeiro, classifiquei como linguístico e ambiental – influência do alemão Gunther Teubner.

Me parecia, realmente, que o jurista tinha dificuldades intrínsecas na compreensão da tecnologia, decorrentes da cultura jurídica de "moldar", muito mais do que "amoldar-se". O binômio justo/injusto se encontra em permanente rusga com a dicotomia do 0 e 1, sim e não. Nem sempre a justiça, como pensávamos, é factível para a máquina.

A inteligência artificial, especialmente, é extremamente versátil. Não é por outra razão que se questiona a possibilidade de elaboração de uma lei que dê conta de discipliná-la quando sua aplicação vai da logística à agricultura, da aviação ao monitoramento, do marketing à energia nuclear. Não há dúvidas, assim, de que este tipo de regulação precisa ser elaborado por equipes multidisciplinares e com compreensão prática e teórica dos ambientes a serem regulados, o que indica que o sucesso desta empreitada tende a ser mais factível dentro de uma lógica setorial, e não generalista.

Além da especialização do regulador, outro ponto relevante é a dificuldade de regular de maneira preventiva a tecnologia, especialmente em matéria de IA. Por essa razão, é importante melhor explorar normas já vigentes que atendem a necessidades e interesses humanos mais imediatos, sobretudo as de caráter principiológico.

As normas de proteção de dados já servem como regulamentação para a IA na medida em que determinam, por exemplo, as formas de coleta, armazenamento, uso e compartilhamento de dados pessoais. Isso inclui a obrigação de obter consentimento explícito dos indivíduos antes de coletar seus dados, bem como a garantia da privacidade e da segurança dos dados coletados.

Além disso, as regras de proteção de dados estabelecem as responsabilidades dos controladores de dados e dos processadores de dados, que devem tratar os dados de maneira ética, garantindo a privacidade e a segurança dos dados pessoais e assegurando a proteção dos direitos dos indivíduos.

Essas regras são essenciais no caso da IA, que se trata de tecnologia baseada em um enorme volume de dados para funcionar corretamente. As aplicações de IA são capazes de tomar decisões com base em padrões e tendências dos dados, e há o risco de que elas produzam resultados discriminatórios ou injustos, especialmente se os dados usados para as treinar contiverem preconceitos ou distorções.

Uma preocupação central com a regulação da IA, a meu ver, é conceituar, deliminar e conciliar o essencial, do ponto de vista da proteção aos interesses da sociedade com o desenvolvimento.

A implementação de restrições regulatórias rigorosas pode impor aos desenvolvedores condições difíceis de aplicar e verificar, o que significa que as empresas podem ser obrigadas a gastar muito tempo e recursos financeiros para garantir que estão de acordo com as normas regulatórias. O que, por sua vez, pode desencadear uma sobrecarga regulatória que limita a capacidade de inovação e de desenvolvimento da tecnologia (insegurança jurídica).

Ademais, regulamentações rigorosas podem fazer com que algumas empresas optem por desenvolver tecnologia fora do país, onde as regulamentações são mais brandas, o que pode levar a uma perda de talento e investimento na tecnologia em questão

Para compreender os limites da regulação e conseguir desenvolver um sistema regulatório eficaz às disrupções, incertezas e determinismos tecnológicos, será preciso sair da zona de conforto para compreender melhor aquilo que se pretende ordenar. O desafio é cultural, semântico, axiológico e até mesmo temporal.

E em meio ao desencontro de mentes e de tempos, a Filosofia se alça à posição de mediadora entre dois mundos que colidiram e se transformaram em algo novo.

SUMÁRIO

Antes de mais nada, é importante esclarecer que este livro partiu da evolução de um trabalho acadêmico e, por isso, há um recorte temporal que se encerra em outubro/2021. Menção a fatos e documentos posteriores é opcional. Em se tratando de assunto pulsante e pulsátil, seria inviável que a publicação da obra ficasse vinculada à atualização quanto aos constantes e inesgotáveis desdobramentos do tema desde então

No âmbito da regulação jurídica das decisões automatizadas, inteligência artificial e outros mecanismos não humanos de análise de problemas e entrega de soluções, considero muito importante a distinção técnica dos conceitos. Por exemplo: a decisão automatizada, nos moldes do art. 20 da Lei Geral de Proteção de Dados não é necessariamente IA. Algoritmo não é IA. Robô não é máquina. Máquina não é IA. IA não é sistema. A tecnologia não é inteligente no sentido em que nós, humanos, somos. Uma IA não é conscientemente boa, má, justa ou injusta; e certamente não é bem-intencionada ou generosa. Tudo isso é resultado de uma programação que pode culminar na aparência de características e sentimentos humanos. Bites e bytes não sentem. Feita a ressalva, reconheço que esta obra não observou tais nuances e tecnicidades porque possui um viés mais jurídico-filosófico e não apresenta sugestões concretas de regulação no sentido estrito, mas apenas de valores e parâmetros que devem ser levados em consideração para a utilização da tecnologia, em especial da IA. De que modo os axiomas aqui tratados serão introjetados nos modelos e nas programações, como se realizará a fiscalização ou auditoria disso e quais os limites para seus desenvolvimentos, estas são outras questões e poderão ser tratadas em trabalhos futuros. Minha crença é de que o que precisamos agora é uma carta de princípios com regras gerais, fundamentos e limites incipientes. A regulação definitiva e consciente da IA (e dos demais modelos automatizados de solução de problemas) depende de consensos, diálogos e ponderações que se situam no porvir.

INTRODUÇÃO

Por séculos, milênios, a humanidade tem vivido em sociedades com os mais variados tamanhos, localizações e características – humanas, políticas, econômicas e jurídicas. As evoluções, revoluções e conquistas que permeiam a história de cada povo têm sido culturalmente motivadas por fatores internos e externos, que se modificam ao longo dos anos, como é natural, refletindo a riqueza e a diversidade dos indivíduos em interação entre si e com o mundo.

Não mais.

As descobertas tecnológicas que vêm alimentando o desenvolvimento e a sobrevivência da humanidade há anos se potencializaram desde a Segunda Guerra Mundial (período em que teria sido criado o primeiro computador), especialmente no cenário da comunicação a distância. Não é à toa que a internet foi desenvolvida como parte do esforço militar na Guerra Fria.

A tecnologia, portanto, não é novidade. O que é relativamente novo é a sua crescente popularização decorrente da democratização do acesso à internet, que se tornou expressivo – a ponto de definir uma era – com o desenvolvimento de máquinas mais baratas e portáteis, dentre as quais se destacam *notebooks, smartphones, smartwatches* e todo um enorme cardápio de novas "*smart* coisas", fruto da criatividade e de colaborações humanas levadas a patamares inéditos.

Antes, os povos construíam suas histórias em seus próprios ritmos e dentro das realidades que fabricavam ou optavam por aceitar. Um grupo não tinha muita ideia de como as coisas poderiam ou deveriam ser diferentes para outros grupos em lugares distintos do mundo. Embora as distâncias tenham se encurtado no decorrer dos séculos e das décadas, especialmente com o desenvolvimento dos meios de comunicação, o avanço da tecnologia e do transporte, a expansão cultural e até a "americanização", o que mudou tudo foi a internet.

Com a universalidade do idioma tecnológico e o imediatismo *on-line*, pela primeira vez na história, as fronteiras físicas realmente foram destruídas, expondo diferenças culturais que, até então, eram conhecidas por poucos.

A partir da popularização do uso da internet, iniciou-se um processo de produção, transferência e análise massiva de dados pessoais. Não tardou para que se percebessem a relevância econômica e política das informações e a grandeza do volume constantemente trafegado. As consequências jurídicas da ascensão da sociedade de dados, ou sociedade dos algoritmos, bem como da economia de dados, foram se tornando evidentes aos poucos. Antes disso, uma minoria de *players* poderosos, privados e públicos, começou a utilizar dados como verdadeiros ativos.

No limbo jurídico, antes que qualquer um cogitasse a palavra "metaverso", a realidade já havia deixado de ser palpável, tornando-se mais e mais etérea com a propagação das *fake news,* dos discursos de ódio, da cultura de cancelamento e de uma polarização política acentuada.

Simultaneamente, estabeleceram-se milhares de modelos de vida igualmente artificiais por ação de influenciadores e pela adesão de influenciados cada vez mais alienados, presos em bolhas ideológicas literalmente virtuais.

O enfrentamento de questões práticas decorrentes dessa mudança paradigmática tornou-se, como não poderia deixar de ser, inevitável. É preciso delimitar regras para transferência e uso de dados, para tributação de empresas nessa nova era, assim como regulamentar a localização dessas informações virtuais e possíveis sanções aplicáveis pelo Estado aos poderosos *players* desse novo e gigantesco mercado.

Indiferente ao alvoroço, a tecnologia seguiu seu processo de descobertas. Decisões passaram a ser automatizadas, e isso era apenas o resultado esperado de sistemas de processamentos de volumes inimagináveis de dados. Programas foram desenvolvidos, em sua maioria, tendo em mente interesses econômicos e políticos de atores particulares.

É claro que se trata de ponto implicitamente polêmico: o mercado regula, o código e os algoritmos regulam,[1] as atividades econômicas, muitas vezes, se autorregulam. A ausência de regulação estatal poderia ser, no final das contas, apenas uma opção do legislador (*free markets*). Mas, apesar das afirmações quase tautológicas ou autoevidentes, a constatação de um significativo vácuo jurídico se revela inescapável.

Vive-se há alguns anos, talvez décadas, em um ambiente de realidade não regulada propriamente para o desenvolvimento e a aplicação da tecnologia. E não é só: há especulações e dúvidas válidas a respeito da necessidade e da conveniência de regulação ampla, sob o receio de cerceamento do desenvolvimento tecnológico. A tecnologia, em particular a inteligência artificial, é a grande promessa para solução dos dilemas da humanidade,

1 LESSIG, L. **Code version 2.0.** Edição eletrônica. New York: Basic Books, 2006. Disponível em: http://codev2.cc/. Acesso em: 22 jun. 2019.

como desabastecimento hídrico, escassez alimentar em escala global, ou mesmo um maior controle climático. E já existe até um *deadline* para que algumas dessas respostas sejam, enfim, obtidas e aplicadas: 2030.[2]

A ideia de uma "autorregulação regulada" testemunha a aceitação da resposta pseudodefinitiva ao problema da inaptidão estatal regulatória/normativa (já que a ausência de regulação ainda é mais uma constatação da ineficiência dos governos do que uma escolha consciente).

A atuação internacional de grandes empresas, especialmente provedores de aplicações e conexões, trouxe a lume um vazio jurídico-regulatório. E cada "problema resolvido" revela outros tantos sem solução.

A maior evidência do quanto acaba de se afirmar é o atual desespero legislativo mundial em torno da regulação da inteligência artificial,[3] objeto específico do problema mais geral que motivou a presente obra.

É preciso, contudo, abrir um parêntese antes de adentrar particularmente o "problema" da inteligência artificial: nem tudo o que requer ser regulado necessita ser regulado do zero. Tome-se o exemplo da proteção de dados pessoais, elevada –

2 COMISSÃO EUROPEIA. **Proposta de Decisão do Parlamento Europeu e do Conselho que estabelece o programa para 2030 intitulado "Guião para a Década Digital".** 2021. Disponível em: https://eur-lex.europa.eu/legal-content/PT/TXT/?uri=CELEX:52021PC0574. Acesso em: 24 fev. 2022.

3 SIMONCINI, A.; LONGO, E. **Fundamental Rights and the Rule of Law in the Algorithmic Society.** Constitutional Challenges in the Algorithmic Society. Cambridge: Cambridge University Press, 2021. Disponível em: https://www.cambridge.org/core/books/constitutional-challenges-in-the-algorithmic-society/831B39F76C7870B330052D852D598F98#fndtn-contents. Acesso em: 27 jan. 2022.

de modo universal e, agora, constitucional – ao *status* de direito fundamental/humano. Mesmo antes da criação das legislações internacionais e nacionais de proteção de dados pessoais, não há como negar que regras de direito postas serviam como salvaguarda a esse direito.

No caso do Brasil, para além das garantias e proteções constitucionais a privacidade, dignidade, sigilo de dados, inviolabilidade do teor de comunicações, existiam normas esparsas em diferentes diplomas que se prestariam a tutelar essa garantia, a exemplo do Marco Civil da Internet, da Lei de Acesso à Informação, do Código Civil, do Código de Defesa do Consumidor e da Constituição Federal, bem como regulamentos setoriais mais específicos, como o microssistema normativo do setor de telecomunicações.

É importante ressaltar, porém, que a Lei Geral de Proteção de Dados é marco importante na tutela dos interesses do cidadão e no desenvolvimento do Estado de Direito em tempos de evolução tecnológica. Se apenas que antes da Lei n. 13.709/2018, os cidadãos não estavam à mercê de quem deles quisesse abusar. A mesma premissa se aplica à inteligência artificial.

Não se coloca à prova, portanto, a necessidade de regulação da inteligência artificial, seja em um escopo amplo, como decidiu o legislador brasileiro com o texto aprovado na Câmara Federal para o Projeto de Lei n. 21, de 4 de fevereiro de 2020, seja em diversos contextos específicos, a partir das regulações setoriais às quais referido projeto de lei faz menção.

A presente obra se propõe a dar um passo além e demonstrar que o desenvolvimento de programações de inteligência artificial e sua execução algorítmica, juridicamente, não devem, nem podem ocorrer sem levar em consideração um conjunto robusto de leis já vigentes no país que se debruçam sobre questões a serem direta ou indiretamente impactadas pelo desenvolvimento e pela utilização da inteligência artificial. E aqui, em especial, investiga-se a sua interrelação com as regras modernas de proteção dos dados pessoais já concebidas em um panorama de maior familiaridade com a tecnologia e seus desafios.

O objetivo deste livro, portanto, é demonstrar que a aplicação das regras de proteção de dados (calcadas no direito fundamental à dignidade da pessoa humana e em um de seus corolários, o direito à privacidade) deve ser a referência regulatória e normativa da inteligência artificial, diante das quais se encontra o panorama que impõe tanto ao desenvolvedor de tecnologia quanto ao jurista a sua abordagem diante da ética. Não "qualquer ética", mas a *ética dos algoritmos*, que dá nome ao presente estudo. Para tanto, o percurso investigativo desdobra-se em um mapeamento problemático, desenvolvido ao longo de três capítulos, cada um deles voltado a construir o instrumental teórico necessário para a compreensão dos demais.

O primeiro capítulo se dedica a uma compreensão ampla dos conceitos de ética e de inteligência artificial. Por certo, não se pretende nem se tem a ingenuidade de pensar viável esgotar uma definição das duas concepções, especialmente a primeira, discutida literalmente há milênios pela humanidade. O objetivo é a demonstração de um ponto de partida, operacional, verdadeiro denominador comum para o uso confortável e coerente da ética relativa à inteligência artificial.

Com esse propósito, busca-se demonstrar por que o debate e a aplicação da ética se tornaram tão intuitivos entre filósofos e desenvolvedores que atuam no campo da tecnologia, evidenciando a existência de uma diferença conceitual entre utilização da ética na criação da inteligência artificial e surgimento de uma criação ética.

Tais dificuldades são acentuadas pelo desafio representado pelo alinhamento valorativo dentro de um contexto no qual os próprios valores são bastante mutáveis e, por vezes, diáfanos. Expõem-se a limitação humana e a dificuldade de consenso, bem como se introduzem a preocupação com os valores e a atribuição de responsabilidade a máquinas que aprendem e tomam decisões por si sós.

É importante perceber que os valores incorporados nos robôs e em seus algoritmos são um ponto de partida para as lições e escolhas que eles farão, mas não se sabe ainda como atribuir peso e consequência às escolhas que, inevitavelmente, repercutirão na esfera jurídica dos indivíduos e do mundo que habitam. Tais dilemas éticos podem ser facilmente visualizados no caso de acidentes envolvendo veículos autodirigidos por um robô cuidador e do seu senso de dever perante o idoso assistido.

O segundo capítulo inicia o processo de mapeamento jurídico para fins de compreensão do desafio de regulamentação da inteligência artificial, sob um viés vasto, explicando que a tecnologia não é neutra, daí a importância e a necessidade da abordagem ética, especialmente no caso da inteligência artificial, com todo o seu potencial aplicativo amplo e, em especial, diante da expectativa de que represente um desenvolvimento civilizacional positivo.

Por outro lado, é necessário conciliar preconceitos e expectativas tradicionais do direito com um novo vocabulário e com o que seria, na acepção de Gunther Teubner, um novo sistema. A tecnologia tem regras próprias e modelos de comunicação e regulação que o direito precisa assimilar. Caso contrário, as soluções jurídicas atribuídas aos problemas tecnológicos não serão eficazes e duradouras.

No capítulo 2, portanto, o desafio é conciliar a percepção de que os modelos regulatórios suscetíveis de utilização são diversos e não são mutuamente excludentes. Pelo contrário, o que se pretende é demonstrar sua possível complementariedade. Busca-se sustentar ser adequado, em um primeiro momento, aceitar a regra do *possível* em detrimento de *perfeito*. Daí por que a implementação de processos de autorregulação e a expectativa em torno da autorregulação regulada.

Em rápida leitura sobre o texto final (substitutivo) aprovado na Câmara Federal do Projeto de Lei n. 21/2020, de relatoria da Deputada Federal Luisa Canziani (PTB/PR), redação original do Deputado Federal Eduardo Bismark (PDT/CE), são abordadas preocupações expostas por especialistas, tanto juristas quanto técnicas. Sem prejuízo de tais considerações, defendem-se a abordagem atribuída ao texto e a viabilidade dele como Marco Civil da Inteligência Artificial no Brasil.

O terceiro capítulo se propõe a confirmar a hipótese do trabalho de que normas, regulamentos e diretrizes vigentes (especialmente aquelas constantes da Lei Geral de Proteção de Dados ou enunciadas pela Autoridade Nacional de Proteção de Dados) apresentam densidade normativa suficiente para regulamentar aspectos essenciais à inteligência artificial nesse âmbito de aplicação.

Em realidade, pretende-se atar as duas pontas investigativas: o respeito ao princípio da dignidade humana conduz à leitura ética das regras sobre proteção de dados e ao desenvolvimento e utilização de uma inteligência artificial que garanta a privacidade dos indivíduos.

As propostas interpretativas apresentadas, portanto, não são fechamentos epistêmicos da investigação, mas um convite ao debate, a que se busca adicionar novos pontos de vista, sem pretensão de esgotamento, sobre a proteção de dados como um mecanismo adequado e idôneo para a regulação jurídica da inteligência artificial.

1

A ÉTICA DOS ALGORITIMOS

> People ask me to predict the future, when all I want to do is prevent it. Better yet, build it. Predicting the future is much too easy, anyway. You look at the people around you, the street you stand on, the visible air you breathe, and predict more of the same. To hell with more. I want better.[1]

> A ética de dados, nesse contexto, surge como um instrumento analítico através do qual podemos avaliar e entender melhor os desafios apresentados por essas tecnologias, e também como uma estrutura operacional que nos permite enfrentar esses desafios e chegar a decisões moralmente boas e justificáveis.[2]

Por que a ética? A inteligência artificial (IA), como realidade, repercute em diversos setores da sociedade, especialmente no âmbito científico, em sentido estrito, no jurídico e no filosófico. Porque a ética, além de servir como instrumento de comunicação entre tecnologia, filosofia e direito, lhes serve de referencial, orientando as suas respectivas abordagens da questão e a compreensão de soluções comuns. Porque a ética

---

1 BRADBURY, R. **Beyond 1984**: The People Machines. First published in *Cities: The Forces That Shape Them* (Rizzoli, 1982) per *Yestermorrow*.

2 DONEDA, D. C. M. *et al.* Considerações iniciais sobre inteligência artificial, ética e autonomia pessoal. Pensar, Fortaleza, v. 23, n. 4, 1-17, out./dez. 2018. Disponível em: https://periodicos.unifor.br/rpen/article/view/8257/pdf. Acesso em: 14 mar. 2020.

possibilita que a IA seja imbuída de postulados importantes – como os princípios e valores humanos filosóficos e constitucionais – em uma linguagem compreensível para a máquina e para seus desenvolvedores e operadores.

Com efeito, o desenvolvimento e o uso da IA talvez representem o maior desafio ético já enfrentado pela humanidade. A afirmação pode parecer leviana e prepotente, mas meramente escrever sobre o tema é mais desafiador do que o esperado e uma empreitada que, iniciada, precisa ser concluída. E é a isso que este trabalho se propõe.

O dilema ético dos algoritmos não encontra resposta nos clássicos, nem mesmo nos expoentes vanguardistas. Isso porque se trata, de modo inédito, de tentar estipular um comportamento ético, permeado por valores morais, para programas autônomos, zeros e uns, robôs e fórmulas numéricas cujas ações repercutirão de modo exponencial sobre os seres humanos e o futuro da humanidade.

As respostas óbvias não se aplicam. Princípios e valores amplamente discutidos e revistos ao longo de milhares de anos são um importante ponto de partida, mas precisam ser ressignificados. Na seara do direito, em especial, é necessário oferecer uma solução regulatória para a IA que seja instrumental enquanto moralmente válida; universal, porém casuisticamente ajustável; aderente ao presente, mas adequável ao futuro; que proteja o desenvolvimento enquanto respeita certa gradação de riscos; e que seja firme e, ao mesmo tempo, fluida. Afinal, o instrumento despido de maleabilidade não recurva e, eventualmente, quebra.

O primeiro passo na jornada proposta é compreender os conceitos – em sentido amplo – de ética e de inteligência artificial para que se possa entender a necessidade da promoção de um alinhamento ético-valorativo. E no cenário, em especial, de regulação da tecnologia, a primeira barreira a ser superada é, como antecipado, a comunicacional. Os juristas não costumam estar equipados para compreender a linguagem tecnológica e conceitos como "determinismo".

Não é por outra razão que os dois primeiros capítulos se dedicam a um mapeamento de ideias a respeito de construções semânticas e operacionais úteis à investigação que aqui se propõe. Isto é, a compreensão do cenário macro relacionado à regulação da IA sob a perspectiva ética. Só assim se cumprirá a tarefa reservada ao último capítulo do trabalho, qual seja, a apresentação de uma proposta de regulação ética dos algoritmos por meio dos princípios e valores insculpidos na proteção normativa de dados pessoais já vigente no Brasil.

1.1. Inteligência Artificial (IA)

Em um traçado histórico, Doneda, Schertel Mendes, Souza e Andrade dão conta de que a inteligência artificial, como conceito, remonta a uma conferência realizada em Dartmouth, no ano de 1956.[3] O tema teria deslanchado na década de 1960, especialmente a partir do lançamento do programa Eliza, em 1964, no MIT Artificial Intelligence Laboratory, por Joseph Weizenbaum, para demonstrar a superficialidade da comunicação entre homens e máquinas.

Apesar de ser uma ideia sexagenária, a IA se tornou objeto de preocupação pungente no meio científico e regulatório na

3 *Ibidem.*

última década, o que se deve em parte ao avanço tecnológico e em parte à enorme quantidade de dados e informações processados pelas máquinas e dos seus potenciais impactos positivos e negativos para a humanidade.

Um algoritmo é tão bom quanto os dados que o orientam. A qualidade da decisão tomada pelo robô (*output*) depende do volume e dos atributos dos predicados (*input*). Daí a importância de se compreender o funcionamento da IA e suas características inerentes, como transparência, opacidade e explicabilidade. Passou-se a questionar, ainda, a capacidade de aprendizagem da máquina (*machine learning*), sua moralidade e até a possibilidade de atribuir-lhe personalidade jurídica.

No ano de 2018, um grupo independente de peritos, criado pela Comissão Europeia, publicou um documento dedicado à definição de IA, que adotava um conceito anteriormente utilizado na proposta de comunicação da Comissão Europeia:

> Artificial intelligence (AI) refers to systems that display intelligent behaviour by analysing their environment and taking actions – with some degree of autonomy – to achieve specific goals. AI-based systems can be purely software-based, acting in the virtual world (e.g. voice assistants, image analysis software, search engines, speech and face recognition systems) or AI can be embedded in hardware devices (e.g. advanced robots, autonomous cars, drones or Internet of Things applications).[4]

4 Tradução livre: "A inteligência artificial (IA) refere-se a sistemas que exibem comportamento inteligente analisando seu ambiente e realizando ações – com algum grau de autonomia – para atingir objetivos específicos. Os sistemas de IA podem ser puramente baseados em software, atuando no mundo virtual (por exemplo, assistentes de voz, software de análise de

Ainda que se possam buscar definições alternativas, é preciso compreender que o próprio conceito de inteligência ainda é objeto de disputa entre diversas áreas do saber. Seja como for, predomina atualmente o entendimento de que a inteligência humana é muito mais abrangente do que outrora se imaginou, por isso a IA deveria ser restrita a um contexto mais palpável de racionalidade, isto é, de capacidade de realizar as melhores escolhas na concretização de um propósito, levando em consideração o cenário, as variáveis e as consequências desejáveis e indesejáveis.

O grupo de peritos encarregado do relatório da Comissão Europeia concluiu que a IA decorre da combinação entre percepção da máquina (por meio de sensores físicos para captação de dados externos) e compreensão de dados – estruturados, ou não – com o processamento dessas informações para a tomada de decisões e execução de ações. A sofisticação dessas etapas e dos sistemas empregados conduz a IA a um nível muito mais avançado de desenvolvimento, no qual se inclui, como se sabe, a aptidão da máquina para aprendizado autônomo (*learning machines*), que pode ocorrer de modos distintos: supervisionado, não supervisionado e por reforço. Em outras palavras, o algoritmo raciocina e aprende. Ele "pensa".

imagem, mecanismos de busca, sistemas de reconhecimento de voz e rosto) ou a IA pode ser incorporada em dispositivos de hardware (por exemplo, robôs avançados, carros autônomos, drones ou aplicações de Internet das Coisas)". EUROPEAN COMISSION. **A definition of AI:** main capabilities and scientific disciplines. Disponível em: https://ec.europa.eu/futurium/en/system/files/ged/ai_hleg_definition_of_ai_18_december_1.pdf. Acesso em: 21 out. 2021.

Uma das grandes preocupações éticas relativas à IA, portanto, está voltada para o fato de que certas máquinas, em dado momento, serão capazes de processar dados tão complexos e eficientes a ponto de se tornarem ininteligíveis para a mente humana. Daí um dos princípios insculpidos pela Organização para a Cooperação e Desenvolvimento Econômico (OCDE) em seu relatório sobre a IA ser a explicabilidade (*explicability*), que é uma propriedade dos sistemas de inteligência artificial capaz de justificar suas ações. Em oposição à explicabilidade, está a opacidade ou as *black box Ais,* capazes de ações bem-sucedidas do ponto de vista da exatidão (*accuracy*), mas que fogem à racionalidade humana.[5]

O documento elaborado pela Comissão Europeia atualizou a definição inicial de IA, descrevendo-a como um sistema concebido por seres humanos, apto a atingir um objetivo complexo por meio de uma ação apropriada, eleita a partir da análise de informações resultantes da interpretação de dados. Enquanto disciplina científica, a IA inclui a possibilidade de aprendizado e raciocínio automáticos e a robótica:[6]

> Artificial intelligence (AI) refers to systems designed by humans that, given a complex goal, act in the physical or digital world by perceiving their environment, interpreting the collected structured or unstructured data, reasoning on the knowledge derived from this data and deciding the best action(s) to take (according to pre-defined parame-

5 EUROPEAN COMISSION. **A definition of AI:** main capabilities and scientific disciplines. 2018. Disponível em: https://ec.europa.eu/futurium/en/system/files/ged/ai_hleg_definition_of_ai_18_december_1.pdf. Acesso em: 21 out. 2021.

6 *Ibidem.*

> ters) to achieve the given goal. AI systems can also be designed to learn to adapt their behaviour by analysing how the environment is affected by their previous actions. As a scientific discipline, AI includes several approaches and techniques, such as machine learning (of which deep learning and reinforcement learning are specific examples), machine reasoning (which includes planning, scheduling, knowledge representation and reasoning, search, and optimization), and robotics (which includes control, perception, sensors and actuators, as well as the integration of all other techniques into cyber-physical systems).[7]

No texto da OCDE, publicado em 2019 – *Recomendação do Conselho de Inteligência Artificial* (OECD/LEGAL/0449) –, identificam-se princípios morais para a IA.[8] O documento conceitua

7 Tradução livre: "A inteligência artificial (IA) refere-se a sistemas projetados por humanos que, diante de um objetivo complexo, atuam no mundo físico ou digital percebendo seu ambiente, interpretando os dados estruturados ou não estruturados coletados, raciocinando sobre o conhecimento derivado desses dados e decidindo a melhor ação(ões) a tomar (de acordo com parâmetros pré-definidos) para atingir o objetivo determinado. Os sistemas de IA também podem ser projetados para aprender a adaptar seu comportamento analisando como o ambiente é afetado por suas ações anteriores. Como disciplina científica, a IA inclui várias abordagens e técnicas, como aprendizado de máquina (dos quais aprendizado profundo e aprendizado por reforço são exemplos específicos), raciocínio de máquina (que inclui planejamento, programação, representação e raciocínio de conhecimento, busca e otimização) e robótica (que inclui controle, percepção, sensores e atuadores, bem como a integração de todas as outras técnicas em sistemas ciberfísicos". EUROPEAN COMISSION. **A definition of AI:** main capabilities and scientific disciplines. 2018. Disponível em: https://ec.europa.eu/futurium/en/system/files/ged/ai_hleg_definition_of_ai_18_december_1.pdf. Acesso em: 21 out. 2021

8 OCDE. **Recomendação do Conselho de Inteligência Artificial (OECD/LEGAL/0449)**. 2019. Disponível em: https://legalinstruments.oecd.org/en/instruments/OECD-LEGAL-0449. Acesso em: 27 out. 2021.

IA como "tecnologia de propósito geral que tem o potencial de melhorar o bem-estar das pessoas, contribuir com a atividade econômica global de modo positivo e sustentável, incrementar inovação e produtividade e ajudar a responder desafios globais relevantes".[9] Tais princípios estão sendo adotados e reciprocados globalmente, inclusive pelo Brasil.

A questão que se coloca, no escopo da ética, é sobre o exato papel desses princípios na regulação da IA. E mais: que outros aspectos, além de valores ético-morais, devem ser levados em consideração em um panorama regulatório? Para responder a tais questionamentos, é preciso reconstruir o que se compreende por ética e moral.

1.2. Ética e moral

> Os padrões morais prescrevem como devemos tratar os outros; os padrões éticos dizem como nós próprios devemos viver.[10]

> A ética é uma disciplina acadêmica que constitui um subdomínio da filosofia. Em termos gerais, trata de questões como "O que é uma boa ação?", "Qual é o valor de uma vida humana?", "O que é a justiça?" ou "O que é uma boa vida?". Na ética acadêmica, há quatro grandes domínios de investigação: i) metaética, que diz sobretudo respeito ao significado e à referência das frases normativas, e à questão de saber como os seus valores de verdade podem ser determinados (caso existam), ii) ética normativa, um meio prático para determinar a orientação moral a seguir, mediante um exame das normas de boa e má ação e da atribuição de um

9 *Ibidem.*

10 DWORKIN, R. **Justiça para ouriços**. Coimbra: Almedina, 2012. p. 199.

> valor a ações específicas, iii) ética descritiva, que visa fazer uma investigação empírica do comportamento e das convicções morais das pessoas, iv) ética aplicada, respeitante ao que somos obrigados (ou autorizados) a fazer numa situação específica (muitas vezes historicamente nova) ou num determinado domínio (muitas vezes sem precedentes históricos) de possibilidades de ação. A ética aplicada trata de situações da vida real, em que as decisões têm de ser tomadas sob pressão do tempo e muitas vezes com uma racionalidade limitada. A ética da IA é geralmente encarada como um exemplo de ética aplicada e centra-se nas questões normativas suscitadas pela concessão, pelo desenvolvimento, pela implantação e pela utilização da inteligência artificial. No âmbito dos debates éticos, os termos "moral" e "ético" são frequentemente utilizados. O termo "moral" refere-se aos padrões de comportamento concretos e factuais, aos costumes e convenções que podem ser encontrados em culturas, grupos ou indivíduos específicos num determinado momento. O termo "ético" refere-se a uma avaliação valorativa das ações concretas e dos comportamentos de uma perspectiva sistemática e académica.[11]

Como dito na introdução, por mais que seja necessário construir uma nova leitura axiológica para a compreensão da ética dos algoritmos, é importante homenagear e ressignificar lições atemporais sobre filosofia e ética.

11 EUROPEAN COMISSION. **Ethics Guidelines for Trustworthy AI.** Disponível em: file:///C:/Users/Rosas%20Note%202020/Downloads/ethics_guidelines_for_trustworthy_ai-pt_88008646-E664-D76A-BD4DC4524E29CCD2_60435%20(4).pdf. 2018. Acesso em: 27 out. 2021. p. 51.

Nicolau Maquiavel, em *O Príncipe*, propõe considerar-se, em um mundo no qual há mais homens maus do que bons, se ter um propósito exclusivamente virtuoso não conduzirá os homens bons à ruína. Conclui, assim, que o príncipe se manter no poder dependerá de ele saber manipular a bondade e a maldade de acordo com seus objetivos:

> Em verdade, há tanta diferença de como se vive e como se deveria viver, que aquele que abandone o que se faz por aquilo que se deveria fazer, aprenderá antes o caminho da sua ruína do que o de sua preservação, eis que um homem que queira em todas as suas palavras fazer profissão de bondade, perder-se-á em meio a tantos que não são bons. Donde é necessário, a um príncipe que queira se manter, aprender a poder não ser bom e usar ou não da bondade segundo a necessidade. [...] Ainda, não evite o príncipe de incorrer na má faina daqueles vícios que, sem eles, difícil se lhe torne salvar o Estado; pois, se bem considerado for tudo, sempre se encontrará alguma coisa que, parecendo virtude, praticada acarretará ruína, e alguma outra que, com aparência de vício, seguida dará origem à segurança e ao bem-estar.[12]

É pertinente trazer a lição ao presente trabalho porque, como se demonstrará ao longo de sucessivas seções, no que tange à regulação da IA, mesmo sob a ótica da ética, nem sempre a resposta mais adequada é a mais intuitiva. A diferença entre as perspectivas kantiana e maquiavélica reside no fato de que

12 MACHIAVELLI, N.. **O príncipe**. Edição eletrônica. Ed. Ridendo Castigat Mores, 1515. p. 90-91.

o primeiro, ao contrário do segundo, definia uma moral estrita a partir da identidade da intenção entre ação e consequência:

> Uma boa intenção orientada a uma ação ruim não seria aceitável. A ação moral pode nem ter eficiência na concreção dos resultados pretendidos – caso não seja o melhor curso de ação para aquele fim. Pode até nem atingir resultado algum. Seu valor sempre dependerá inteiramente da disposição com a qual o agir foi imbuído em sua concepção. As atitudes humanas, segundo Kant, só são moralmente dignas quando despidas de motivos ulteriores ou inclinações pessoais.[13]

A "[...] *busca por mudanças, evolução, desenvolvimento, progresso, conquistas, sucesso, dinheiro ou glória é permeada por ações* [...]"[14] que se propõem a entregar esse tipo de resultado. É uma das leis mais antigas da física (ação e reação), e a mesma lógica se aplica à IA, ao menos parcialmente, quando se questiona quais são as consequências adjacentes e se estas passariam ou não por um filtro de viabilidade moral.

Eis a importância da abordagem ética da IA, considerando, especialmente, o imperativo do desenvolvimento e a sua potencial contribuição para a solução de importantes problemas da humanidade. A concretização de certos objetivos, por mais desejável que seja, não pode "*se sobrepor a tudo e a todos*".[15]

13 CHACON ROSAS, E. M. Alcance resultados, mas não se esqueça dos propósitos: a dignidade, a ética e os elevados fins. *In*: **Advocacia 4.0**. MALDONADO, Viviane; FEIGELSON, Bruno (coord.). São Paulo: Thompson Reuters Brasil, 2019. p. 201.

14 *Ibidem*. p. 202.

15 *Ibidem*. p. 201.

Mais contemporaneamente, Michael Sandel entende que o conceito de liberdade kantiano pode parecer, em uma primeira análise, com a ideia vulgar de que liberdade seria a ausência de obstáculos ou de proibições.[16] Sandel explica que o que Kant realmente defendia era que o homem transcendesse, de modo racional, os desejos, apetites e instintos que lhe são naturais e, assim, em vez de "escolher os meios mais convenientes para atingir determinada meta", elegesse "*diretamente e especificamente um propósito puramente pelo que ele significará*":[17]

> [...] escolher entre duas cores não é um exercício de liberdade, é indulgência quanto a um capricho ou preferência pessoal. Liberdade seria abdicar de uma comodidade em prol de outra pessoa, quando seu apetite demandava que esta comodidade fosse consumida. Literalmente, tirar a comida do próprio prato e dá-la ao outro, mas não se estiver saciado, somente se estiver com fome. Um exercício de abdicação consciente.[18]

Como é sabido, o imperativo de moralidade (categórico) kantiano supõe que o indivíduo deve agir como se o seu desejo pudesse se tornar uma lei universal.[19] Segundo Sandel, essa visão (pensamento, percepção) chega a ser ingênua, diante

---

16 SANDEL, M. **Justice: what's the right thing to do?** New York: Farrar, Straus and Giroux, 2009.

17 *Ibidem*.

18 CHACON ROSAS, E. M. Alcance resultados, mas não se esqueça dos propósitos: a dignidade, a ética e os elevados fins. *In*: **Advocacia 4.0**. MALDONADO, Viviane; FEIGELSON, Bruno (coord.). São Paulo: Thompson Reuters Brasil, 2019. p. 203.

19 KANT, I. Fundamentação da metafísica dos costumes. Tradução de Paulo Quintela. São Paulo: Abril Cultural, 1980.

da realidade de que, em termos de tecnologia, é preciso considerar o meio, para além dos fins, por mais puros que sejam. Igualmente insuficiente é o imperativo hipotético que apregoa que o objetivo ético pode ser facilmente corrompido se o sujeito se desviar do caminho recomendado.[20] Tal premissa, embora coerente, claramente não se aplica às máquinas que processam, em segundos, diversos caminhos que levarão ao mesmo resultado, considerando variáveis como tempo, custo, volume de dados e riscos.

Já se observa que a ética kantiana não é adequada à regulação algorítmica. Isso porque, para atender os padrões éticos kantianos, "seria preciso que valores como ética e dignidade fossem os fins intrinsecamente pretendidos com a implementação e o desenvolvimento tecnológico. O processo teria que ser concebido em volta deles".[21] Essa abordagem não funciona, como se tratará oportunamente, porque, na regulamentação da IA, é preciso considerar-se a legitimidade dos agentes, a eficácia do mercado, o determinismo tecnológico (aspectos técnicos-instrumentais), a preservação do desenvolvimento e, entre outros fatores, uma negociação axiológica.

Ronald Dworkin, em *Justiça para ouriços*, relaciona a moralidade e a interpretação a partir da consideração de valores morais.[22] É pertinente afirmar que "Dworkin acredita que não existem visões objetivas sobre valores e que toda conclusão in-

20 SANDEL, M. **Justice:** what's the right thing to do? New York: Farrar, Straus and Giroux, 2009.

21 *Ibidem*, p. 204.

22 DWORKIN, R. **Justiça para ouriços**. Coimbra: Almedina, 2012.

dividual será permeada pelas crenças, atitudes, ilusões e circunstâncias pessoais".[23]

As reflexões de Dworkin são de grande auxílio para a compreensão de que a regulação dos algoritmos demanda uma reavaliação ética e uma releitura de valores morais. A experiência mostra que valores como igualdade, distribuição de justiça, transparência, responsabilização (*accountability*), bem-estar e segurança não são tão universais quanto inicialmente podem parecer a quem vive em uma democracia liberal. Há aspectos culturais, legais e operacionais que fazem com que a importância e o peso desses axiomas sejam relativizados de um lugar para o outro.

Para compreender melhor o ponto, é pertinente recorrer ao exemplo dado pelo próprio Dworkin quando explica que o ato de alguém espetar alfinetes em bebês será considerado, na perspectiva comum, como imoral e inadmissível.[24] De outro lado, pensando na exposição da privacidade (por meio de monitoramento de vídeo, por exemplo), é seguro afirmar que se trata de situação convencional na China e de motivo de grande alarde no Brasil. Mesmo entre diferentes gerações de uma mesma sociedade, é possível observar um abismo valorativo: a geração Z posta no TikTok e no Instagram todos os aspectos diários de sua rotina.

---

23 CHACON ROSAS, E. M. Alcance resultados, mas não se esqueça dos propósitos: a dignidade, a ética e os elevados fins. *In*: **Advocacia 4.0**. MALDONADO, Viviane; FEIGELSON, Bruno (coord.). São Paulo: Thompson Reuters Brasil, 2019. p. 203.

24 DWORKIN, R. **Justiça para ouriços**. Coimbra: Almedina, 2012.

É certo que "a humanidade expressará grande curiosidade e dedicará bastante tempo a entender e proteger valores como ética e dignidade"[25] hoje e nos tempos vindouros. A manifestação desse esforço, contudo, tende a ser uma surpresa: "*é a reafirmação da conclusão sobre a universalidade dos valores e princípios, mas ao mesmo tempo denota a relativização destes conceitos na casuística, sendo os gestos tão morais ou imorais quanto sejam defensáveis ou não em dado contexto*".[26] Valores são conceitos morais que dependem de interpretação.

1.2.1. Ciberética e Tecnoética

A cibernética é produto da Revolução Digital. Se a Revolução Industrial transformou o padrão social e o desenvolvimento urbano, resultando nas primeiras leis trabalhistas e no crescimento econômico, a Revolução Digital trouxe a disrupção, tornando tangível o que antes era enredo de obras literárias e filmes de ficção. As pessoas se sentem convidadas a testar os limites sociais do que é considerado aceitável, tanto virtualmente quanto no mundo físico.

As gerações mais novas foram tecnoalfabetizadas desde o início da vida, tendo crescido em ambientes metarreais e gamificados, como *The Sims*, *Roblox*, *Minecraft* e *Fortine*. Mas não é apenas uma questão de aclimatação. As construções socioemocionais e a noção de preservação da intimidade e da privacida-

25 CHACON ROSAS, E. M. Alcance resultados, mas não se esqueça dos propósitos: a dignidade, a ética e os elevados fins. *In*: **Advocacia 4.0**. MALDONADO, Viviane; FEIGELSON, Bruno (coord.). São Paulo: Thompson Reuters Brasil, 2019. p. 204.

26 *Ibidem*, p. 204.

de são diretamente impactadas nesse contexto em que o jovem nunca viveu uma experiência que não fosse postada, curtida e compartilhada *on-line*:

> O desafio do livre-arbítrio é, provavelmente, o mais popular problema filosófico que saiu dos manuais e entrou na literatura e na imaginação popular, é um tema de séria especulação e, toda parte [...]. A literatura contém também discursões sobre o que é a ‹liberdade›. Em que circunstância é alguém livre de agir como deseja? Será sua liberdade comprometida apenas quando é sujeita a algum condicionamento externo? [...] Quando é apropriado para uma pessoa julgar criticamente o seu próprio comportamento e apropriado para os outros julgarem-na da mesma maneira.[27]

As gerações antecedentes não estão em melhores condições emocionais para lidar com as mudanças. Isso porque se comunicam com um vocabulário distinto, inclusive socialmente. A absorção, a exposição e a adesão aos novos modelos de vida à mostra nas vitrines das redes sociais não fazem o mesmo sentido, nem a abordagem de antigos tabus, como diversidade e liberdade de expressão, ou a ideia do *cancelamento on-line*:

> Os responsáveis, que deveriam prover bons exemplos de conduta moral, violam direitos de propriedade intelectual com programas de compartilhamento de arquivos e pirataria; negligenciam decisões sobre privacidade e segurança, se submetem a algoritmos de vigilância preconceituosos, e utilizam a liberdade de expressão como pretexto para o

27 DWORKIN, R. **Justiça para ouriços**. Coimbra: Almedina, 2012. p. 228.

discurso de ódio e para propagação online da pornografia de vingança.[28]

Ademais – como se demonstrará adiante – os serviços de redes sociais, *e-mail* e plataformas de informação e entretenimento não são estritamente gratuitos. As principais plataformas e provedores são *players* atuantes na economia e com fins lucrativos. Além disso, são verdadeiros organismos com autorregulação (e autorregulação regulada), que se beneficiam de um grande volume de dados e utilizam recursos avançados de IA.

Há quem defenda que, embora possibilitem uma comunicação global praticamente em tempo real e sirvam de palco a milhões, bilhões de vozes, os *net-states*[29] acabam sedimentando a polarização, as bolhas de conteúdo e o enfraquecimento da democracia e da transparência por causa da assimetria existente entre eles e os usuários.[30]

28 CHACON ROSAS, E. M. Alcance resultados, mas não se esqueça dos propósitos: a dignidade, a ética e os elevados fins. *In*: **Advocacia 4.0**. MALDONADO, Viviane; FEIGELSON, Bruno (coord.). São Paulo: Thompson Reuters Brasil, 2019. p. 199-221.

29 SIMONCINI, A.; LONGO, E. **Fundamental Rights and the Rule of Law in the Algorithmic Society**. Constitutional Challenges in the Algorithmic Society. Cambridge: Cambridge University Press, 2021. Disponível em: https://www.cambridge.org/core/books/constitutional-challenges-in-the-algorithmic-society/831B39F76C7870B330052D852D598F98#fndtn-contents. Acesso em: 27 jan. 2022.

30 Os *net-states* seriam empresas de atuação global, como Microsoft, Apple, Google, IBM etc., sujeitas de modo secundário às regras nacionais e responsáveis pelas suas próprias regulações e decisões, como uma forma de pseudo-soberania – em razão da teórica capacidade de sobreviverem como modelos de negócio, independentemente de estarem vinculadas a governos ou nações.

A cibernética seria, na linha do que foi analisado até aqui, a absorção pelo código (no sentido lessigiano),[31] como mecanismo inato de regulação da internet, de padrões éticos de conduta reiteradamente resultantes das interações interpessoais. Nesse sentido, a ausência de uma cibernética consistente e robusta seria, antes de qualquer outra coisa, uma escolha legítima dos usuários do ciberespaço:

> A verdade é que, como ocorre fora do ciberespaço, também nele a conduta humana, ou programada pelo homem (algoritmos, bots etc.), deve ser orientada por valores morais que conduzam a um "viver bem", no sentido de viver ilibadamente; preservando o conteúdo da dignidade (autenticidade e respeito próprio), a ser refletido como padrão ético na interação entre pessoas e entre pessoas e instituições (autonomia e autodeterminação). Esses padrões éticos, reiteradas vezes copiados, acabariam sendo incorporados pelo Código e absorvidos no próprio Ciberespaço.[32]

Considerando que a IA é uma construção de códigos algorítmicos, faz sentido pensar que será regulada não apenas pelos modelos legais ou institucionais, mas especialmente por sua própria estrutura. É um desafio relevante tentar transformar a lei em código *RegTech* (*Regulatory Technology*), tanto

---

31 Segundo Lessig, há um Código (*Code*) na internet que é responsável pela própria regulação da rede, o que acontece de modo sistemático a partir do significado e das escolhas compreendidas pela web enquanto estrutura orgânica em constante evolução.

32 CHACON ROSAS, E. M. Alcance resultados, mas não se esqueça dos propósitos: a dignidade, a ética e os elevados fins. *In*: **Advocacia 4.0**. MALDONADO, Viviane; FEIGELSON, Bruno (coord.). São Paulo: Thompson Reuters Brasil, 2019. p. 199-212.

que os especialistas defendem uma abordagem híbrida do problema – embora discordem da busca, notadamente a europeia – pelo que chamam "soberania digital".[33] Szostek e Prabucki entendem que a governança em matéria de IA poderá, eventualmente, resultar não da ação de advogados, e sim de outros atores que atuam na área da tecnologia.[34]

Por seu turno, a tecnoética se interessa pela concepção dos engenheiros e desenvolvedores sobre as problemáticas morais. A ideia é que o questionamento pragmático seria mais eficiente do que o filosófico. Desse modo, os engenheiros não precisam de argumentos ou de imperativos categóricos para chegar a uma conclusão: as escolhas lógicas são suficientes (dedutivas e indutivas):[35] "Por exemplo: se A produz B e o indivíduo valoriza B, deve fazer A; se A decorre de B e C decorre de D, e se o indivíduo prefere B a D, basta escolher A em vez de C".[36]

Ambas as concepções de cibernética e tecnoética são importantes, do ponto de vista jurídico, como elementos auxiliares na compreensão do sistema de tecnologia (em um sentido teubniano),[37] para o alinhamento valorativo válido, consideran-

33 SZOSTEK, D.; PRABUCKI, D. How to regulate AI: to code or not to code? **RAILS: Robotic and AI Law Society.** February 12, 2022. Disponível em: https://blog.ai-laws.org/how-to-regulate-ai-to-code-or-not-to-code/?cn-reloaded=1. Acesso em: 14 mar. 2022.

34 *Ibidem.*

35 SULLINS, J., Information Technology and Moral Values. *In*: ZALTA, Edward N. (ed.). **The Stanford Encyclopedia of Philosophy**. Winter 2018. Disponível em:https://plato.stanford.edu/archives/win2018/entries/it-moral-values/. Acesso em: 23 jan. 2022.

36 *Ibidem.*

37 "De acordo com Gunther Teubner, o Direito é um subsistema (sistema social de segundo grau) de comunicação que se tornou independente do sistema social de primeiro grau (sociedade), após o que passou a viver em clau-

do a natureza interdisciplinar da regulação da tecnologia e o desenvolvimento de regras eficazes e eficientes.

1.2.2. Modernos dilemas éticos (IA ética vs. ética da IA)

> If we use, to achieve our purposes, a mechanical agency with whose operation we cannot interfere effectively... we had better be quite sure that the purpose put into the machine is the purpose which we really desire.[38]

sura comunicativa (comunicando a respeito de si mesmo) – pelo que não há direito fora do direito [...] Sendo autorreferencial e autorreprodutivo, o Sistema Direito possui eventos comunicativos privativos que se multiplicam à luz de um código binário (legal/ilegal), em um processo circular, definindo as fronteiras do mundo jurídico e seu meio envolvente particular: a realidade jurídica. O Direito é para Teubner um sistema autopoiético que coexiste num universo de sistemas autopoiéticos com comportamentos semelhantes ao seu, o que dificulta o exercício da influência de uns sobre outros, inclusive quanto à regulação [...] A resposta para o aparente dilema reside na comunicação. Embora os sistemas sejam todos autopoiéticos e possuam, como tais, códigos particulares, nenhum está excluído da comunicação social geral. A fim de que suas comunicações sejam compreendidas, é preciso que todos os subsistemas observem as fronteiras do discurso comunicativo global e as respectivas construções de realidade para que o *sentido* se torne a matéria-prima dos atos individuais de comunicação – o que se chama *interferência*". CHACON ROSAS, E. M. Resistência do Direito à Tecnologia: uma análise teubniana de comunicação e regulação. **The Law, State and Telecommunications Review/Revista de Direito, Estado e Telecomunicações**. Brasília, v. 10, n. 2, p. 67-102, outubro de 2018. Disponível em: https://periodicos.unb.br/index.php/RDET/article/view/21494/19810. Acesso em: 31 dez. 2021. p. 74-75.

38 Tradução livre: "Se usarmos, para atingir nossos propósitos, um agente mecânico em cuja operação não podemos interferir efetivamente, é melhor ter certeza de que o propósito colocado na máquina é o propósito que realmente desejamos". WIENER, N. Some Moral and Technical Consequences of Automation. **Science**, v. 131, n. 3410, p. 1355-1358, 1960. Disponível em: http://www.jstor.org/stable/1705998. Acesso em: 28 out. 2021.

Apesar de a regulação ética da IA não depender exclusivamente de um alinhamento valorativo, não há como fugir ao fato de que realizá-lo é prioridade máxima, pois, porquanto não seja vinculativo, exercerá importante papel orientativo na tomada das decisões que conduzirão o homem (e as máquinas) ao futuro.

De maneira ampla, a tecnologia deve estar voltada ao bem-estar das pessoas. Tanto que uma das correntes sobre regulação de AI coloca o endosso coletivo como a maneira mais legitimada para a tomada de decisões relevantes. Além dele, o interesse público e o desenvolvimento econômico.

São duas as preocupações, portanto: (i) alinhar o sistema de IA com determinados valores humanos e (ii) chegar o mais perto possível de garantir que ele seja minimamente sindicável pelo homem.[39]

1.2.3. O desafio do alinhamento valorativo

A ação da IA terá consequências morais – diretas e indiretas. Um aspecto curioso da ponderação ética no caso da IA – e daí, em parte, a dificuldade de alinhamento satisfatório – reside no fato de que são aplicáveis noções oriundas de diferentes áreas de saber, com prioridades igualmente diversas: filosofia, direito, tecnologia, economia, administração, política etc.

Desse modo, uma abordagem na qual se considerassem opostos à eficiência do mercado valores como autonomia, justi-

39 GABRIEL, I.; GHAZAVI, V. The Challenge of Value Alignment: from Fairer Algorithms to AI Safety. **The Oxford Handbook of Digital Ethics**. Disponível em: https://arxiv.org/abs/2101.06060. Acesso em: 27 out. 2021.

ça, cuidado, bem-estar e virtude não seria adequada enquanto diretriz geral.

Embora alguns defendam que a tecnologia é neutra – o que se examinará mais atentamente no próximo capítulo –, é um dado da realidade que, desde a programação, ou concepção, as máquinas são embebidas com os valores de seus *designers*, e isso afetará o modo como funcionarão e impactarão a vida das pessoas.Com efeito, a tecnologia sempre servirá a determinados valores, direta ou indiretamente, conforme reflitam ou não preconceitos estruturais, *status quo* socialmente enraizado ou interesses privados.[40]

Um exemplo disso se observa em sistemas de IA que privilegiam determinados bairros em detrimento de outros porque concentram uma riqueza maior e clientes mais "interessantes". Um observador externo verificou que determinado bairro privilegiado pelo sistema não apenas concentrava maior riqueza, como também era predominantemente composto por moradores brancos, enquanto o bairro negligenciado tinha a população majoritariamente negra.[41]

A AI não foi concebida com o objetivo de ser preconceituosa, mas acabou se ajustando de modo a favorecer clientes brancos ao invés de clientes negros a partir de dados de localização das entregas. Questões dessa natureza se repetem diariamente e conduzem ao questionamento ético de como seria possível

40 *Ibidem*.

41 WEISE, E. Amazon same-day delivery less likely in black areas, report says. **USA Today**. 22 de abril de 2016. Disponível em: https://www.usatoday.com/story/tech/news/2016/04/22/amazon-same-day-delivery-less-likely-black-areas-report-says/83345684/. Acesso em: 21 out. 2021.

proceder-se para criar um algoritmo capaz de se sobrepor ou compensar esse tipo de consequência social estrutural.

Desde o início dos anos 1990, a antropologia, a filosofia e a engenharia discutem sobre *design* valor-sensitivo (*value sensitive design*), resultante de uma análise do contexto em que se inseririam os *stakeholders* e a participação social, com a finalidade de ponderar, de modo prévio, as maneiras pelas quais a sociedade seria, ou não, significantemente afetada por determinada tecnologia. Esse exercício de previsão ética seria taxativo, inclusive, para a decisão de não desenvolvimento de certos sistemas.[42]

Percebe-se que o alinhamento valorativo no caso da IA é um desafio à parte, porque remete à complexidade e à opacidade dos sistemas envolvidos. Depois de treinado, um modelo algorítmico pode não ser capaz de explicar suas decisões (*black box AI*). Isso em um panorama no qual sistemas de IA podem tomar decisões ou fazer escolhas que impactarão significativamente a vida humana, como demissões, contratações, processamentos de listas para recebimento de transplantes, conclusões em laudos de exames, concessões de liberdade provisória a presos, aterrisagens de emergência, interrupção de ciclos de produção industrial etc.

É pertinente fazer um parêntese para relembrar que esta obra se propõe a demonstrar que a proteção de dados regula parcialmente a IA e o faz de duas maneiras: a uma, oferecendo um alinhamento valorativo apropriado; a duas, objetivamente, por

42 GABRIEL, I.; GHAZAVI, V. The Challenge of Value Alignment: from Fairer Algorithms to AI Safety. **The Oxford Handbook of Digital Ethics**. 2021. Disponível em: https://arxiv.org/abs/2101.06060. Acesso em: 27 out. 2021.

meio das normas e dos regulamentos vigentes. O alinhamento ético-valorativo, nesse caso, é parte de um instrumental regulatório, ainda que limitado às funcionalidades de IA que repercutem na proteção de dados.

Isso feito, ou seja, estabelecido um modelo regulatório, será necessário adequar cada sistema/máquina ao formato e aos valores nele infundidos. A essa conformação se chama *AI alignment* (alinhamento da IA), que consiste em verificar se existe correspondência e conformidade entre a proposta e a execução.

Dando um passo adicional nessa linha investigativa, Iason Gabriel, em importante trabalho denominado *Artificial Intelligence, Values, and Alignment*,[43] defende que o alinhamento da IA (no sentido de conformação) deve seguir três passos. Em primeiro lugar, é preciso ter em mente que os aspectos normativos e técnicos estão interligados e que é necessário um engajamento dos envolvidos que atenda a ambos. Em segundo lugar, é preciso definir o objetivo do alinhamento (intenções, preferências, interesses, valores etc.). E, em terceiro lugar, é importante compreender que não existe um valor "verdadeiro", mas existe um valor que será mais aproximado do consenso.[44]

Nota-se que o alinhamento é duplamente importante, porque tanto influenciará a normatização e a regulação da IA (aspecto filosófico) quanto orientará, na conformação, o *design* de cada sistema (aspecto técnico).

---

43 GABRIEL, I. Artificial Intelligence, Values, and Alignment. **Minds and Machines**, v. 30, p. 411-437, 2020. Disponível em: https://doi.org/10.1007/s11023-020-09539-2. Acesso em: 27 out. 2021.

44 *Ibidem*.

É por isso que Gabriel acaba retornando ao objeto de um trabalho anterior[45] para refletir sobre a equidade (*fairness*) no alinhamento da IA, expondo um questionamento filosófico sobre intenção *versus* necessidade. O autor questiona se o ideal é a IA atender os pedidos ou o bem-estar do agente, concluindo que o ideal seria a segunda opção. O problema aqui, contudo, é que a IA só conseguirá se alinhar com intenções humanas de bem-estar (*well-being*) se se revestir de uma compreensão robusta do que seriam as preferências e os valores humanos. Como afirma o autor:

> On this view, AI would be designed to promote whatever is good for a person's well-being. It would be calibrated to pursue the sorts of things that fulfil human needs, make our lives go well, and support overall flourishing. Though interest, understood in this way, is not amenable to direct scientific observation, we are able to collect data about the things that people believe constitute or contribute to their well-being, as well as information about the kinds of things that make a human life go well.[46]

45 GABRIEL, I.; GHAZAVI, V. The Challenge of Value Alignment: from Fairer Algorithms to AI Safety. **The Oxford Handbook of Digital Ethics**. 2021. Disponível em: https://arxiv.org/abs/2101.06060. Acesso em: 27 out. 2021.

46 Tradução livre: "Nessa visão, a IA seria projetada para promover o que for bom para o bem-estar de uma pessoa. Seria calibrada para buscar os tipos de coisas que atendem às necessidades humanas, fazem nossas vidas correrem bem e apoiam o florescimento geral. Embora o interesse, entendido dessa maneira, não seja passível de observação científica direta, somos capazes de coletar dados sobre as coisas que as pessoas acreditam constituir ou contribuir para seu bem-estar, bem como informações sobre os tipos de coisas que fazem a vida humana ser boa". GABRIEL, I. Artificial Intelligence, Values, and Alignment. **Minds and Machines**, v. 30, p. 411-437, 2020. Disponível em: https://doi.org/10.1007/s11023-020-09539-2. Acesso em: 27 out. 2021.

Acontece que uma coisa é a relação IA-indivíduo, e outra bem diferente é a relação IA-coletividade. Um exemplo já clássico da diferenciação são acidentes com carros autodirigidos em situações nas quais é preciso escolher entre a vida dos passageiros e a dos pedestres (adicionando-se complicadores como idade, gênero, classe social, descumprimento de regras de trânsito etc.).[47]

Depois de explorar essas e outras variáveis, Gabriel demonstra que a IA deve se orientar por um sentido de moralidade, embora aponte a dificuldade conceitual entre os valores que ele chama filosóficos e os que ele associa ao mercado.

Nesta altura, e é esse o escopo do trabalho, colocam-se adiante as questões que efetivamente precisam de uma resposta: (i) que valores e princípios considerar; (ii) quem tem legitimidade para tomar essa decisão; e (iii) com que base legal. Para responder a essas questões mais específicas, é preciso entender o que constitui a ética da IA.

1.2.4. Ética da IA

Não basta que a ética esteja refletida nas ações humanas por intuição. É importante, antes, que faça parte do processo de pensamento do homem. Yuval Harari distingue esse agir intuitivo – e ético – de uma educação que prepare o indivíduo para

47 O MIT, Massachusetts Institute of Technology, disponibiliza há anos uma plataforma online chamada *Moral Machine* na qual as pessoas são estimuladas a tomar decisões moralmente desafiadoras em situações de vida ou morte envolvendo carros automatizados seres humanos ou animais – **Moral Machine**. Disponível em: http://moralmachine.mit.edu/hl/pt. Acesso em: 28 out. 2021.

pensar e encontrar respostas.[48] As respostas que o homem encontrar dentro de si mesmo devem ressoar em seu íntimo como algo justo, correto, permitindo-lhe viver bem com elas. Como explica o autor: "A ética liberal nos aconselha que, se algo faz com que nos sintamos bem, devemos ir em frente e fazê-lo. A educação liberal nos ensina a pensar por nós mesmos, porque é dentro de nós que vamos encontrar todas as respostas".[49]

A esse requisito, Michael Sanders acrescenta a importância de que a liberdade de escolha do significado de "viver bem" seja respeitada de modo universal na sociedade. O resultado disso é que os valores morais a serem seguidos por um indivíduo ou uma coletividade não serão necessariamente os mesmos, como se vê a partir da filosofia política moderna:

> By contrast, modern political philosophers - from Immanuel Kant in the eighteenth century to John Rawls in the twentieth century - argue that the principles of justice that define our rights should not rest on any particular conception of virtue, or of the best way to live. Instead, a just society respects each person's freedom to choose his or her own conception of the good life.[50]

---

48 HARARI, Y. N. **Homo Deus:** uma breve história do amanhã. Tradução Paulo Geiser. São Paulo: Companhia das Letras, 2015.

49 *Ibidem*, p. 183.

50 Tradução livre: "Em contraste, os filósofos políticos modernos - de Immanuel Kant no século XVIII a John Rawls no século XX - argumentam que os princípios de justiça que definem nossos direitos não devem se basear em nenhuma concepção particular de virtude ou da melhor maneira de viver. Em vez disso, uma sociedade justa respeita a liberdade de cada pessoa de escolher sua própria concepção de vida boa". SANDEL, M. **Justice:** what's the right thing to do? New York: Farrar, Straus and Giroux, 2009. p. 11.

Para viabilizar a regulação, tais reflexões filosóficas precisam ser conciliadas de alguma forma com o interesse público, vale dizer, com a tutela da sociedade como um todo. E a Filosofia apresenta, em primeira mão, estratégias para a construção de consensos com o objetivo de possibilitar a solução de controvérsias a respeito de valores em sociedade. Uma das soluções é a sobreposição de consenso rawlsiana (*overlapping consensus*). De forma singela, a ideia aqui é de que, apesar das várias concepções possíveis de moralidade, as pessoas tendem a concordar com pelo menos um subconjunto de princípios básicos.[51]

Trazendo a noção de sobreposição de consenso para a regulamentação da IA, a OCDE publicou a já citada *Recomendação* (OECD/LEGAL/0449) com cinco princípios básicos para a administração responsável de uma IA confiável: (i) crescimento inclusivo, desenvolvimento sustentável e bem-estar; (ii) valores centrados no ser humano e na equidade; (iii) transparência e explicabilidade; (iv) robustez, segurança e proteção; e (v) responsabilização ou prestação de contas (*accountability*).

Além desse conjunto de princípios mínimos com presunção de aceitação global e cultural, os agentes deliberativos devem partir de um *veil of ignorance* (VOI), similar à teorização de John Rawls. O modelo parte da premissa contrária ao utilitarismo de que os tomadores de decisão precisam agir como se não soubessem de que modo suas escolhas os afetarão:

51 GABRIEL, I. Artificial Intelligence, Values, and Alignment. **Minds and Machines**, v. 30, p. 411-437, 2020. Disponível em: https://doi.org/10.1007/s11023-020-09539-2. Acesso em: 27 out. 2021.

To illustrate our application of VOI reasoning, consider the aforementioned footbridge dilemma, in which one can save 5 people in the path of a runaway trolley by pushing a person off of a footbridge and into the trolley's path. The utilitarian option is to push, as this maximizes the number of lives saved. However, relatively few people favor the utilitarian option in this case, a result of negative affective responses to this actively, directly, and intentionally harmful action. What effect might VOI reasoning have on a case such as this? Following Hare, you might imagine that you are going to be one of the 6 people affected by the footbridge decision (one of the 5 on the tracks or the one who could be pushed). You might assume that you have even odds of being any one of them. (We note that Rawls' version of the VOI assumes unknown odds rather than even odds) Would you, from a purely self-interested perspective, want the decision maker to push, giving you a 5 out of 6 chance of living? Or would you want the decision maker to not push, giving you a 1 out of 6 chance of living? Here, we suspect (and confirm in study 1) that most people prefer that the decision-maker push, increasing one's odds of living. However, what, if anything, does this imply about the ethics of the original moral dilemma? As noted above, most people say that it would be wrong to push the man off the footbridge. However, a Rawlsian (or Harsanyian) argument seems to imply that pushing is the fairer and more just option: It is what those affected by the decision would want if they did not know which positions they would occupy.[52]

52 Tradução livre: "Para ilustrar nossa aplicação do raciocínio VOI, considere o dilema da passarela acima mencionado, no qual se pode salvar 5 pessoas no caminho de um bonde desgovernado empurrando uma pessoa para fora de uma passarela e entrando no caminho do bonde. A opção utilitária é empurrar, como isso maximiza o número de vidas salvas. No

Finalmente, propõe-se um método democrático que envolva uma audiência disposta a fazer concessões e discutir a questão sob diferentes perspectivas. É pertinente destacar que o modelo deliberativo pode ser complementar ao modelo de sobreposição consensual, de modo que normas que derivem do segundo sejam justamente aquelas que seriam mais votadas no primeiro.

Feitas essas considerações, é válido ressaltar que o estudo da ética na IA é dividido em dois ramos principais. O mais popular se preocupa com a utilização ética de robôs e IA e em como os desenvolvedores humanos devem se comportar para minimizar os danos éticos que podem decorrer da ação de robôs e IA, seja por causa de um *design* ruim (antiético), da aplicação

entanto, relativamente poucas pessoas favorecem a opção utilitária neste caso, resultado de respostas afetivas negativas a essa ação ativa, direta e intencionalmente danosa. Que efeito o raciocínio VOI pode ter em um caso como esse? Seguindo Hare, você pode imaginar que será uma das 6 pessoas afetadas pela decisão da passarela (uma das 5 nos trilhos ou aquela que poderia ser empurrada). Você pode assumir que tem chances iguais de ser qualquer um deles. (Observamos que a versão de Rawls do VOI assume probabilidades desconhecidas em vez de probabilidades pares) Você, de uma perspectiva puramente auto interessada, gostaria que o tomador de decisão pressionasse, dando-lhe uma chance de 5 em 6 de viver? Ou você gostaria que o tomador de decisão não pressionasse, dando a você uma chance de 1 em 6 de viver? Aqui, suspeitamos (e confirmamos no estudo 1) que a maioria das pessoas prefere que o tomador de decisão empurre, aumentando as chances de vida. No entanto, o que isso implica sobre a ética do dilema moral original? Como observado acima, a maioria das pessoas diz que seria errado empurrar o homem para fora da passarela. No entanto, um argumento rawlsiano (ou harsanyiano) parece implicar que empurrar é a opção mais justa e justa: é o que aqueles afetados pela decisão iriam querer se não soubessem quais posições iriam ocupar". HUANG, K.; GREENE, J. D.; BAZERMAN, M. Veil-of-ignorance reasoning favors the greater good. **Proceedings of the National Academy of Sciences (PNAS)**, v. 116, n. 48, p. 23989-23995, 2019. Disponível em: https://www.pnas.org/content/116/48/23989.full. Acesso em: 27 out. 2021.

inadequada ou do uso indevido. O segundo se volta para a questão de como os robôs e a IA podem, eles mesmos, se comportar eticamente. A IA ética seria, *grosso modo*, a ética da máquina. Esse campo de estudo se desdobra em interesse filosófico e análise científica de engenharia sobre como desenvolver, objetivamente, uma máquina ética. Os fundamentos filosóficos da ética das máquinas foram estabelecidos no Simpósio de Outono da AAAI, em 2005. Wallach e Allen cunharam o termo "agente moral artificial" (AMA).[53/54]

1.2.5. IA ética

Como antecipado, mudando o foco da equação de ética da IA para uma IA ética, observa-se não apenas um jogo de palavras, mas uma abordagem completamente diferente, que permite enfrentar o tema por um novo e importante ponto de vista: "*IA ética é utilizada para indicar o desenvolvimento, a implantação e a utilização de IA que assegure o cumprimento das normas éticas, incluindo direitos fundamentais como direitos morais especiais, princípios éticos e valores fundamentais com eles relacionados*".[55]

53 AAAI ORGANIZATION. Papers from the 2005 AAAI Fall Symposium. Disponível em: https://www.aaai.org/Library/Symposia/Fall/fs05-06.php. Acesso em: 15 mar. 2022.

54 WALLACH, W; ALLEN, C.; SMIT, Iva. Machine Morality: Bottom-up and Top-down Approaches for Modeling Human Moral Faculties. **AI Soc.**, n. 22, p. 565-582, 2008. Disponível em: https://www.aaai.org/Papers/Symposia/Fall/2005/FS-05-06/FS05-06-015.pdf. Acesso em: 15 mar. 2022.

55 EUROPEAN COMISSION. **Ethics Guidelines for Trustworthy AI**. Disponível em: https://ec.europa.eu/futurium/en/ai-alliance-consultation.1.html. 2018. Acesso em: 27 out. 2021. p. 51.

John P. Sullins questiona em que momento um robô se tornará um agente moral. O próprio autor responde a essa pergunta, afirmando que o *status* moral de um robô autônomo depende das respostas a três indagações: (i) o robô é significantemente autônomo?; (ii) o robô é capaz de comportamento intencional?; e (iii) o robô está em uma posição de responsabilidade?[56] Estes são também os exatos critérios utilizados para avaliar seres humanos: (i) autonomia; (ii) autodeterminação; e (iii) posição de poder sobre outros.

De modo isolado, a autonomia não atribui a um robô nenhum *status* moral. É o caso de um vírus de computador, que também assume certa autocondução. A relevância da autonomia está em sua correlação com a autodeterminação e o poder sobre outros.

Para aferir a intencionalidade, seja de uma pessoa, seja de um robô, é preciso questionar: "qual seria a reação do homem médio diante dessa situação?".[57] Interessa compreender se o que levou o robô a agir de modo moralmente bom ou ruim foi mera interação com o ambiente ou se suas ações resultam de deliberação e calculismo.

A responsabilidade só é relevante se a ação do robô puder ser colocada em um contexto em que a máquina estava

---

56 SULLINS, J. P. When is a robot a moral agent? **International Review of information Ethics**, v. 6, p. 23-30, 12/2006. Disponível em: https://scholarworks.calstate.edu/downloads/fj2362670?locale=en. Acesso em: 1º fev. 2022.

57 CHACON ROSAS, E. M. Alcance resultados, mas não se esqueça dos propósitos: a dignidade, a ética e os elevados fins. *In*: **Advocacia 4.0**. MALDONADO, Viviane; FEIGELSON, Bruno (coord.). São Paulo: Thompson Reuters Brasil, 2019. p. 214.

responsável por outro agente moral. Nesse sentido, a: "[...] *ação da máquina ou do programa deve se encaixar em um papel social em que a explicação para a atitude da máquina seja seu senso de responsabilidade para com outrem. Sullins dá o exemplo de um robô cuidador e seu senso de dever perante o idoso por ele assistido*".[58]

A ideia é desenvolver agentes morais artificiais (AMA) implicitamente éticos (projetados para evitar consequências antiéticas) ou explicitamente éticos (projetados para se comportar eticamente).

O desenvolvimento de uma IA ética se concretiza com a iniciativa das Nações Unidas, que, em 2015, divulgaram os Objetivos de Desenvolvimento Sustentável – um conjunto de 17 objetivos globais que devem ser concretizados até 2030.[59] A ideia é a IA ser instrumental na realização desses objetivos. A Agenda 2030 engloba os 17 objetivos e 169 metas "*para erradicar a pobreza e promover vida digna para todos, dentro dos limites do planeta*".[60]

Trazendo a questão mais concretamente para a sua interface com a IA, Ricardo Vinuesa *et al.*, em *The role of artificial intelligence in achieving the Sustainable Development Goals*, buscaram demonstrar que a IA pode viabilizar 79% das 169 metas (134 ao todo). Por outro lado, 35% dessas mesmas pro-

58 *Ibidem*, p. 114.

59 UNDP. **The SDGS in action**. 2015. Disponível em: https://www.undp.org/sustainable-development-goals. Acesso em: 28 out. 2021.

60 Plataforma Agenda 2030. Disponível em: http://www.agenda2030.com.br/sobre/. Acesso em: 28 out. 2021.

posições serão potencialmente prejudiciais ao desenvolvimento da IA:[61]

> Another important drawback of AI-based developments is that they are traditionally based on the needs and values of nations in which AI is being developed. If AI technology and big data are used in regions where ethical scrutiny, transparency, and democratic control are lacking, AI might enable nationalism, hate towards minorities, and bias election outcomes.[62]

A humanidade tem mais nove anos até a *deadline* da iniciativa, mas, de modo franco, a concretização das medidas parece estar mais distante do que o desejável. Isso porque, em contraposição à busca por estabelecer alinhamentos morais bons e implementá-los na regulação da IA, tem-se observado um caminho inverso, em que a utilização de *big data* e IA tem se dado para explorar vulnerabilidades psicológicas nas sociedades com o fim de influenciar decisões, afetando a democracia e violando direitos humanos (*big nudging*).[63] Um exemplo pa-

61 VINUESA, R. *et al.* The role of artificial intelligence in achieving the Sustainable Development Goals. **Nature Communications**, v. 11, n. 233, 2020. Disponível em: https://doi.org/10.1038/s41467-019-14108. Acesso em: 28 out. 2021.

62 Tradução livre: "Outra desvantagem importante dos desenvolvimentos baseados em IA é que eles são tradicionalmente baseados nas necessidades e nos valores das nações nas quais a IA está sendo desenvolvida. Se a tecnologia de IA e *big data* forem usados em regiões onde faltam escrutínio ético, transparência e controle democrático, a IA pode permitir o nacionalismo, o ódio às minorias e influenciar os resultados das eleições". VINUESA, R. *et al.* **Nature Communications**, v. 11, n. 233, 2020. Disponível em: https://www.nature.com/articles/s41467-019-14108-y.pdf. Acesso em: 28 out. 2021.

63 *Ibidem.*

radigmático é a utilização de *scores* para controle do comportamento social.[64]

Quinze anos após o prazo fixado para cumprimento das metas globais estabelecidas pela ONU, é possível que ocorra o evento profetizado pelo inventor e futurista Ray Kurzweil: a singularidade, que será um divisor de águas e decorrerá da evolução de uma geração de tecnologia para a seguinte e da fusão mais intrínseca entre tecnologia e humanidade. Em razão desse evento, a identidade humana e todos os valores a ela inerentes serão revistos – porque se baseiam em premissas não mais aplicáveis, como a finitude da vida. Kurzweil afirma:

> I have also set the date 2045 for singularity – which is when humans will multiply our effective intelligence a billion-fold, by merging with the intelligence we have created. Ultimately, it [Singularity] will affect everything. We're going to be able to meet the physical needs of all humans. We're going to expand our minds and exemplify these artistic qualities that we value.[65]

64 NAGLER, J.; VAN DEN HOVEN, J.; HELBING, D. **Towards Digital Enlightenment.** 2019. Disponível em: https://doi.org/10.1007/978-3-319-90869-4_5. Acesso em: 28 out. 2021.

65 Tradução livre: "Também estabeleci a data de 2045 para a singularidade – que é quando os humanos multiplicarão nossa inteligência efetiva em um bilhão de vezes, fundindo-se com a inteligência que criamos. Em última análise, [Singularidade] afetará tudo. Seremos capazes de atender às necessidades físicas de todos os humanos. Vamos expandir nossas mentes e exemplificar essas qualidades artísticas que valorizamos". KURZWEIL, R. Futurism. **Kurzweil accelerating intelligence**. 2017. Disponível em: http://www.kurzweilai.net/futurism-ray-kurzweil-claims-singularity-will-happen-by-2045. Acesso em: 28 out. 2021.

Por isso se reitera a importância de "dominar, com urgência, quais as implicações morais e práticas da tomada de decisão por máquinas - que em algum momento inicial ainda se submetem à avaliação e vontade/programação do homem".[66] Em um cenário de sobreposição consensual, ao menos, é importante compreender a factibilidade da tecnologia desejável para o futuro com a compreensão das mudanças que ela trará para que seja possível agir tempestivamente e de modo eficaz na prevenção de resultados inapropriados ou excessivamente arriscados, pois a "*melhor janela para tentar controlar a atuação da tecnologia é desde a sua concepção*".[67]

Já é de conhecimento convencional e consensual que a tecnologia é capaz de controlar o processo de tomada de decisões. A fase seguinte, de modo intuitivo, seria sua reprodução independente. O distanciamento entre o programador da primeira máquina e a programação automatizada das máquinas seguintes, desenvolvidas sem a ação humana direta, é inevitável.

1.3. Máquina e mente

A aproximação entre máquina e mente adiciona componente analítico relevante ao se pensar na regulamentação da IA e suas implicações. Afinal, a mente humana ainda representa um grande passo quando comparada com a tecnologia atualmente disponível:

66 CHACON ROSAS, E. M. Alcance resultados, mas não se esqueça dos propósitos: a dignidade, a ética e os elevados fins. *In*: **Advocacia 4.0**. MALDONADO, Viviane; FEIGELSON, Bruno (coord.). São Paulo: Thompson Reuters Brasil, 2019. p. 214.

67 *Ibidem*, p. 214.

> The brain is solving a very different problem from most of our neural nets. You've got roughly 100 trillion synapses. Artificial neural networks are typically at least 10,000 times smaller in terms of the number of weights they have. The brain is using lots and lots of synapses to learn as much as it can from just a few episodes. Deep learning is good at learning using many fewer connections between neurons, when it has many episodes or examples to learn from. I think the brain isn't concerned with squeezing a lot of knowledge into a few connections, it's concerned with extracting knowledge quickly using lots of connections.[68]

O que se percebeu até o momento é que a IA é desenvolvida pelo homem (ao menos primariamente) de acordo com um alinhamento, conscientemente ou não, infundido em sua concepção/programação e que repercutirá na sociedade e na economia. O modo mais eficiente de alinhar a IA a uma sobreposição de valores (*overlapping consensus* rawlsiano) universalmente aceitos é via avaliação preventiva, baseada em uma

68 Tradução livre da fala de Geoff Hinton: "O cérebro está resolvendo um problema muito diferente da maioria das redes neurais artificiais. Uma pessoa tem aproximadamente 100 trilhões de sinapses. As redes neurais artificiais costumam ser pelo menos 10.000 vezes menores em termos do número de pesos que possuem. O cérebro utiliza muitas e muitas sinapses para aprender o máximo que pode com o mínimo de episódios. O deep learning consiste em aprender usando o mínimo de conexões entre neurônios a partir de um grande número de episódios ou exemplos. Acredito que o cérebro não está preocupado em extrair muito conhecimento de poucas conexões, ao contrário: seu objetivo é extrair conhecimento rapidamente a partir da utilização de muitas conexões". SIMONITE, T. Google's AI guru wants computers to think more like brains. Wired Magazine. 12 de dezembro de 2018. Disponível em: https:// www.wired.com/story/googles-ai-guru-computers-think- -more-like-brains/. Acesso em: 28 out. 2021.

abordagem que considere os riscos pontualmente envolvidos e a aptidão da máquina para raciocinar e aprender.

Diante de uma controlabilidade limitada e sujeita à opacidade (não explicabilidade) da IA, é possível, e até provável (cada vez mais), que a reversibilidade de uma programação mal desenhada envolva prejuízos sociais, econômicos e mercadológicos com potencial para afetar a viabilidade de produtos e serviços.

Basta pensar na situação em que uma empresa renomada e de atuação global programe inadequadamente um *software* a ser comercializado no mundo inteiro para gestão automatizada do setor de recursos humanos. Com o tempo, verifica-se que o algoritmo empregado, que tem função de análise de desempenho, parte da premissa de que os funcionários de baixo-escalão devem ser mal avaliados porque, embora trabalhem muitas horas, agregam pouco lucro. O sistema deduz que esse critério é válido porque os gerentes, que trabalham menos tempo, são mais rentáveis. Não bastasse, a consequência indireta dessa avaliação conduz a um resultado no qual as pessoas brancas, que tendem a ter posições mais altas na empresa, recebam melhores bonificações do que as negras. Após denúncia de funcionários, a falha do sistema chega ao conhecimento da imprensa e das autoridades. Diversas empresas que utilizam o sistema são processadas em todo lugar. As ações da fabricante de *software* caem bruscamente com o dano reputacional sofrido. Algumas empresas não resistem ao escrutínio público e fecham. Milhares de pessoas ficam desempregadas.

Nessa altura, mesmo que o programa seja "consertado" e relançado com outro nome, não há como reverter o que se passou – os gastos em aquisição e treinamento de pessoal, o dano reputacional, as defesas judiciais, as despesas com publicidade. Tudo como decorrência direta ou indireta de uma programação algorítmica falha a respeito da qual os desenvolvedores tomaram ciência quando já era tarde demais.

Em realidade, homens e máquinas não pensam da mesma maneira. A tecnologia é binária, compreende a linguagem do sim e do não, de zeros e uns. O emprego de palavras, raciocínio e aprendizagem não significa que a máquina raciocina e aprende com a mesma lógica ou com as mesmas variáveis lógicas de uma pessoa.

De um lado, cabe ao homem programar a IA da melhor maneira possível, prevendo o maior número de variáveis e dentro de um alinhamento ético-moral. É preciso clareza e minúcia. Kate Crawford, autora do livro *Atlas of AI*, narra uma história para ilustrar esse argumento. Ela relata que havia um cavalo chamado Clever Hans que parecia ser capaz de performar truques como se fosse uma pessoa. O animal sabia matemática, dizia a hora e até soletrava palavras e sentenças, batendo o casco no chão. Investigadores depois descobriram que, na verdade, o cavalo havia aprendido a interpretar as mudanças de postura, respiração e expressão facial de seu treinador. A inteligência de Clever Hans era uma ilusão. E o mesmo se observa dos algoritmos e suas capacidades. É preciso ter cuidado para avaliá-los.[69]

De outro lado, é importante ter consciência de que, eventualmente, a IA apresentará um funcionamento adequado, até

69 HAO, K. Stop talking about AI ethics. It's time to talk about power. **MIT Technology Review**. 23 de abril de 2021. Disponível em: https://www.technologyreview.com/2021/04/23/1023549/kate-crawford-atlas-of-ai-review/. Acesso em: 28 out. 2021.

mais eficiente do que o esperado, mas não será possível compreender por que a máquina fez as escolhas que fez ou que variáveis e aspectos ela considerou. Quando a opacidade é instransponível, observa-se a falta de explicabilidade (*black boxe IAs*).

Na academia, atribui-se essa falta de explicabilidade a uma conjunção de três causas amplas: o "*aumento contínuo do poder de computação mais ou menos de acordo com a Lei de Moore, a disponibilidade de enormes conjuntos de dados digitais (big data) e o refinamento de algoritmos de aprendizado de máquina e as chamadas redes neurais artificiais*".[70]

Até então, a tecnologia tradicional (*old school*) se servia de regras de inferência e simples lógica. Posteriormente, como se viu, engenheiros e filósofos passaram a questionar diversos modelos de funcionamento e propósito da IA, perguntando-se se o ideal seriam algoritmos que fizessem a vontade humana, atendessem as necessidades do homem, se preocupassem com o seu bem-estar, os observassem para tentar imitar o processo decisório humano (*human reason*) ou, finalmente, aprendessem a pensar autonomamente (*brain works*).[71] Com a faculdade de desenvolver seu próprio raciocínio, em oposição à limitada capacidade humana de compreensão, a IA se tornou sofisticada e opaca:

70 MACLURE, J. AI, Explainability and Public Reason: The Argument from the Limitations of the Human Mind. **Minds and Machines**, v. 31, p. 421-438, 2021. Disponível em: https://link.springer.com/article/10.1007/s11023-021-09570-x?fbclid=IwAR0AVi1irh5iFJtDC5uqoaDzU41pU-xGm282tsJtYF0Y2FLZGALIrGzIjeXU. Acesso em: 28 out. 2021.

71 GABRIEL, I. Artificial Intelligence, Values, and Alignment. **Minds and Machines**, v. 30, p. 411-437, 2020. Disponível em: https://doi.org/10.1007/s11023-020-09539-2. Acesso em: 27 out. 2021.

> Explainability or opacity was not a major problem for AI when rule-based "symbolic" AI was the dominant paradigm. To put it simply, "good old-fashioned AI" was based on the hypothesis that creating artificial intelligence required designing computer programs capable of logical reasoning. Programming an AI algorithm involved writing code made of a sequence of logical rules which would specify how the information fed into the machine, translated into symbols, should be processed.[72]

O curioso é que, ao tentar se aproximar da mente humana, a máquina a superou. O sistema neural da AI depende de acesso a uma quantidade monstruosa de dados e de arquiteturas complexas de algoritmos capazes de processar incontáveis parâmetros. Os algoritmos de aprendizado das máquinas (*machine learning*) são predominantemente indutivos e se aperfeiçoam com o treinamento (*training*) a partir do processamento constante de dados em informações. A rede neural da IA é composta de diversas camadas de *nodes* (unidades matemáticas conectadas), que se equiparam a neurônios artificiais.[73]

72 Tradução livre: "A explicabilidade ou opacidade não era um grande problema para a IA quando a IA "simbólica" baseada em regras era o paradigma dominante. Simplificando, a "boa e velha IA" baseava-se na hipótese de que criar inteligência artificial exigia projetar programas de computador capazes de raciocínio lógico. Programar um algoritmo de IA envolvia escrever um código feito de uma sequência de regras lógicas que especificariam como as informações alimentadas na máquina, traduzidas em símbolos, deveriam ser processadas". MACLURE, J. AI, Explainability and Public Reason: The Argument from the Limitations of the Human Mind. **Minds and Machines**, v. 31, p. 421-438, 2021. Disponível em: https://link.springer.com/article/10.1007/s11023-021-09570-x?fbclid=IwAR0AVi1irh5iFJtDC5uqoaDzU41pUxGm282tsJtYF0Y2FLZGALIrGzIjeXU. Acesso em: 28 out. 2021.

73 *Ibidem.*

O resultado desse nível de desenvolvimento tecnológico é facilmente percebido nos algoritmos preditivos mais simples, que recomendam filmes na Netflix, produtos na Amazon e músicas no Spotify. As interfaces dessas plataformas orientam que quanto mais as pessoas ranquearem e classificarem positivamente suas escolhas, mais acuradas serão as indicações.

Não é quanto à ética e à opacidade dos algoritmos que comumente são direcionadas as preocupações da academia, mas quanto àqueles que fazem diagnóstico e indicação de tratamento médico, contratações e demissões, distribuição de auxílio social-financeiro e segurança pública.

Como se evidenciará no próximo capítulo, a Lei Geral de Proteção de Dados (LGPD) – assim como o Regulamento Geral de Proteção de Dados Europeu (GDPR) – determina que decisões tomadas por IA devem ser humanamente revistas mediante requisição do titular, a quem deve ser fornecido relatório contendo os aspectos avaliados, os critérios utilizados e a correlação entre estes e o resultado alcançado. Tais disposições coadunam com a opinião geral dos estudiosos de transparência e explicabilidade.

É um paradoxo. Os mesmos cientistas e filósofos que reconhecem a inevitabilidade da opacidade da IA defendem que suas decisões e seu funcionamento precisam ser transparentes. A resposta padrão dos mais pragmáticos – inclusive do próprio pai da computação contemporânea, Alan Turing – é que a IA não é menos nem mais explicável que a mente humana.[74]

74 *Ibidem.*

Nessa linha de raciocínio, o covencedor do *Turing Prize* e executivo do Google afirmou que seria um desastre se a regulação obrigasse o desenvolvedor a explicar como o sistema de IA funciona:

> I'm an expert on trying to get the technology to work, not an expert on social policy. One place where I do have technical expertise that's relevant is [whether] regulators should insist that you can explain how your AI system works. I think that would be a complete disaster. People can't explain how they work, for most of the things they do. When you hire somebody, the decision is based on all sorts of things you can quantify, and then all sorts of gut feelings. People have no idea how they do that. If you ask them to explain their decision, you are forcing them to make up a story.[75]
> You should regulate them based on how they perform. You run the experiments to see if the thing's biased, or if it is likely to kill fewer people than a person. With self-driving cars, I think people kind of accept that now. That even if you don't quite know how a self-driving car does it all, if it has a lot fewer accidents than a person-driven car then

75 Tradução livre: "Sou um especialista em tentar fazer a tecnologia funcionar, não um especialista em política social. Um lugar em que tenho conhecimento técnico relevante é [se] os reguladores devem insistir que você possa explicar como seu sistema de IA funciona. Acho que seria um desastre completo. As pessoas não conseguem explicar como funcionam, para a maioria das coisas que fazem. Quando você contrata alguém, a decisão é baseada em todos os tipos de coisas que você pode quantificar e, em seguida, em todos os tipos de pressentimentos. As pessoas não têm ideia de como fazem isso. Se você pedir que eles expliquem sua decisão, você os está forçando a inventar uma história". SIMONITE, T. Google's AI guru wants computers to think more like brains. **Wired Magazine**. 12 de dezembro de 2018. Disponível em: https:// www.wired.com/ story/ googles- ai-guru-computers-think-more-like-brains/. Acesso em: 28 out. 2021

> it's a good thing. I think we're going to have to do it like you would for people: You just see how they perform, and if they repeatedly run into difficulties then you say they're not so good.[76]

O problema de submeter um algoritmo a revisão e revalidação ampla é que, normalmente, aqueles com esse tipo de credencial vão se sobrepor à programação indiscriminadamente, com base em suas impressões pessoais, que tendem a ser imprecisas e preconceituosas. A decisão humana pode ser influenciada por circunstâncias variadas, até mesmo de natureza fisiológica, como sono e fome.

Autores como Jocelyn Maclure[77] e Kate Vredenburgh,[78] todavia, insistem que a explicabilidade é imprescindível e inego-

76 Tradução livre: "Você deve regulá-los com base em como eles funcionam. Você executa os experimentos para ver se a coisa é tendenciosa ou se é provável que mate menos pessoas do que uma pessoa. Com carros autônomos, acho que as pessoas meio que aceitam isso agora. Que mesmo que você não saiba bem como um carro autônomo faz tudo isso, se tiver muito menos acidentes do que um carro dirigido por uma pessoa, é uma coisa boa. Acho que teremos que fazer isso como você faria com as pessoas: você apenas vê como elas se comportam e, se elas repetidamente enfrentam dificuldades, você diz que não são tão boas". SIMONITE, T. Google's AI guru wants computers to think more like brains. **Wired Magazine**. 12 de dezembro de 2018. Disponível em: https:// www.wired.com/ story/ googles- ai-guru-computers-think-more-like-brains/. Acesso em: 28 out. 2021.

77 MACLURE, J. AI, Explainability and Public Reason: The Argument from the Limitations of the Human Mind. **Minds and Machines**, v. 31, p. 421-438, 2021. Disponível em: https://link.springer.com/article/10.1007/s11023-021-09570-x?fbclid=IwAR0AVi1irh5iFJtDC5uqoaDzU41pU-xGm282tsJtYF0Y2FLZGALIrGzIjeXU. Acesso em: 28 out. 2021.

78 MILLER, K. HAI Fellow Kate Vredenburgh. The right to an explanation. **HAI Stanford University Human-Centered Artificial Intelligence**. Disponível em: https://hai.stanford.edu/news/hai-fellow-kate-vredenburgh-right-explanation. 24 de junho de 2020. Acesso em: 20 jan. 2022.

ciável e, analisando suas razões, especialmente as de Maclure, o problema parece ser mais voltado para o conceito de explicabilidade do que para a sua necessidade.

Veja-se: a explicabilidade poderia se referir à extração de relatório da máquina que justificasse suas escolhas, ou ainda de informação que pudesse ser extraída da própria programação ou de seus desenvolvedores. Mas é igualmente viável que possa ser atestada por terceiros com conhecimento técnico específico para tanto.

Partindo de uma análise setorial da IA, se perceberá que os valores básicos (sobreposição do consenso) podem coincidir, mas as aplicações práticas (alinhamento IA) divergirão exponencialmente com o uso: se para a agricultura, a aviação, ou para medicina e justiça, por exemplo.

É interessante utilizar o exemplo do próprio Maclure. Se o programa da IBM Watson Healthy fizer um diagnóstico surpreendente e recomendar um tratamento inusitado que possa ser explicado por um ou mais médicos – ainda que discordem da IA –, a explicabilidade seria atendida, ou por um terceiro que atue na mesma área do robô, embora não tenha nenhuma noção de engenharia.[79]

Essa explicabilidade (indireta) externa e atrelada não ao funcionamento da máquina, mas ao conhecimento humano de terceiros, é circunstância imprevisível e relativa que, no escopo

79 MACLURE, J. AI, Explainability and Public Reason: The Argument from the Limitations of the Human Mind. **Minds and Machines**, v. 31, p. 421-438, 2021. Disponível em: https://link.springer.com/article/10.1007/s11023-021-09570-x?fbclid=IwAR0AVi1irh5iFJtDC5uqoaDzU41pU-xGm282tsJtYF0Y2FLZGALIrGzIjeXU. Acesso em: 28 out. 2021.

deste trabalho, não é capaz de afastar a opacidade do sistema. Os médicos podem entender, porém discordar, e isso não necessariamente serviria ao paciente como critério decisório.

A posição de Geoff Hinton parece ser, por esse ângulo, mais racional e coerente, embora utilitarista: se a máquina cumpre o que se propõe e entrega o que promete, a opacidade não pode ser considerada razão suficiente para privar a sociedade de sua existência.[80] E talvez em dez ou cinquenta anos, o homem entenda o porquê daquela decisão.

80 SIMONITE, T. Google's AI guru wants computers to think more like brains. **Wired Magazine**. 12 de dezembro de 2018. Disponível em: https://www.wired.com/story/googles-ai-guru-computers-think-more-like-brains/. Acesso em: 28 out. 2021.

2

REGULAÇÃO ÉTICA DA IA

Como visto no final do capítulo 1, a ética não se confunde com o direito, tampouco deve substituí-lo. No entanto, em seu papel coadjuvante às leis e aos regulamentos, pode dar a chave de leitura necessária para o desenlace da relação entre direito e tecnologia, permitindo a construção, interpretativa ou normativa, de leis e regulamentos capazes de lidar com os desafios da IA. Nesse sentido:

> Esta relação entre lei e tecnologia que pressupõe que a lei deve ser adaptada para levar em consideração novos formatos de práticas culturais, quer para proibi-la ou legalizá-las [...]. Ambas as maneiras de adaptar a lei à tecnologia significam que a lei está tentando controlar a tecnologia, negativamente, proibindo certos comportamentos ou, de forma positiva, reconhecendo-os.[1]

---

1 Tradução livre de "This relation between law and technology which assumes that the law has to be adapted to take into account new formats of cultural practices, either to forbid them or to legalise them [...] Both ways to adapt the law to the technology mean that the law is trying to control the technology, either negatively by outlawing certain behaviours, or positively by recognising them." ROSNAY, M. D. Peer-To-Peer Law: Distribution as a Design Principle for Law. **London School of Economics and Political Science (LSE)**, n. 31, 2014. Disponível em: https://www.lse.ac.uk/media-and-communications/assets/documents/research/working-paper-series/EWP31.pdf. Acesso em: 28 out. 2021.

Traditional law is based on an institutional, procedural and personal separation of law-making, law application and law enforcement. This is also true to a certain degree for law making in the private sector. The strange effect of digitalization is a kind of nuclear fusion of these three elements which means the loss of an important constitutional separation of power. A second issue is the trials of regulation of conduct, construction of expectations, and resolution of conflict. Traditional law cannot be reduced to one of these aspects but realizes them all, however within separate institutions, normative cultures and principles of legality. There is a (hidden) constitutional dimension in this separation. Again, the digital embodiment of normativity in the 'code' reduces these different aspects just to one, to the aspect of electronic regulation of conduct. The third issue is calculability of normativity. In traditional law, formalization was rather limited. The (in)famous effects of legal formalism have been relatively harmless as compared with the effects of the 'code' which allows for a hitherto unknown formalization of rules. The strict binary relation 0 – 1 which in the real world was limited to the legal code in the strict sense of legal/illegal, is now extended in the virtual world to the legal programs, to the whole ensemble of substantive and procedural structures that condition the application of the binary code. This excludes any space for interpretation. Normative expectations which traditionally could be manipulated, adapted, changed, are now transformed into rigid cognitive expectations of inclusion/exclusion of communication.[2]

2 Tradução livre: "O direito tradicional baseia-se numa separação institucional, processual e pessoal entre a criação da lei, a aplicação da lei e a aplicação da lei. Isso também é verdade até certo ponto para a criação de leis no setor privado. O estranho efeito da digitalização é uma espécie de fusão nuclear desses três elementos que significa a perda de uma importante se-

O desafio central na regulação da IA, portanto, é ultrapassar a fase inicial dos debates, na qual os interlocutores se desviam das problemáticas reais para se perderem em argumentos retóricos e conceituais em volta de e nas mesas-redondas (*margin of litigation*), com o objetivo de causar alterações, protelar soluções efetivas e esquivarem-se de temas incômodos aos *players* que comandam os *lobbies*.

Os aplicadores do direito, de outro lado, têm clara dificuldade em ajustar a gramática jurídica via heterorregulação, de fora para dentro.[3] Observa-se em parte a necessidade de regula-

paração constitucional de poder. Uma segunda questão são as tentativas de regulação de conduta, construção de expectativas e resolução de conflitos. O direito tradicional não pode ser reduzido a um desses aspectos, mas realiza todos eles, porém dentro de instituições separadas, culturas normativas e princípios de legalidade. Há uma dimensão constitucional (oculta) nessa separação. Mais uma vez, a incorporação digital da normatividade no 'código' reduz esses diferentes aspectos a apenas um, ao aspecto da regulação eletrônica da conduta. A terceira questão é a calculabilidade da normatividade. No direito tradicional, a formalização era bastante limitada. Os efeitos (in)famosos do formalismo jurídico têm sido relativamente inofensivos em comparação com os efeitos do "código" que permite uma formalização de regras até então desconhecida. A estrita relação binária 0 – 1 que no mundo real se limitava ao código jurídico no sentido estrito de legal/ilegal, agora se estende no mundo virtual aos programas jurídicos, a todo o conjunto de estruturas substantivas e procedimentais que condicionam a aplicação do código binário. Isso exclui qualquer espaço para interpretação. As expectativas normativas que tradicionalmente podiam ser manipuladas, adaptadas, alteradas, agora se transformam em rígidas expectativas cognitivas de inclusão/exclusão da comunicação". TEUBNER, G. Societal Constitutionalism: Alternatives to State-Centered Constitutional Theory? *In*: JOERGES, C.; SAND, I.-J.; TEUBNER, G. (eds.). **Constitutionalism and Transnational Governance**. Oxford Press, 2004, p. 3-28. Disponível em: https://ssrn.com/abstract=876941. Acesso em: 4 dez. 2017.

3 Todos os sistemas são autopoiéticos e hermeticamente fechados, não apenas o direito. Teubner discorre sobre interferência para explicar como os sistemas interagem e se influenciam mutuamente, mas quando entra na

ção inversa – do direito pela tecnologia. Em realidade, Teubner chega a explicar que o direito não é produzido pelos juristas, mas é fruto de uma realidade emergente (comunicação jurídica autorrealizada), de maneira que as normas jurídicas são fenômenos sociais oriundos de processos extrassistêmicos que, a seu turno, estimulam movimentos evolutivos e regulatórios (*order from noise*).[4]

O presente capítulo se dedica a desenhar um modelo regulatório ético a partir de princípios e normas consolidadas no ordenamento jurídico brasileiro para a proteção de direitos fundamentais como privacidade, dignidade e proteção de dados, que, como se defenderá, são suficientes para solucionar os problemas mais imediatos de regulação da IA de modo satisfatório e eficiente.

Antes, é preciso compreender – e essa dificuldade certamente assombrará os juristas mais tradicionais – que a tecnologia dispõe de um ecossistema de autorregulação paralelo, o qual pode funcionar como aliado da normatização, mas consistirá em um obstáculo intransponível se ignorado.

2.1. Floridi, a filosofia digital e a ética

> Almost halfway between the beginning of history and now, Plato was still trying to make sense of both radical chan-

seara da regulação, deixa a impressão de que o direito é sempre regulador, não regulado.

4 CHACON ROSAS, E. M. Resistência do Direito à Tecnologia: uma análise Teubniana de comunicação e regulação. **The Law, State and Telecommunications Review/Revista de Direito, Estado e Telecomunicações**. Brasília, v. 10, n. 2, p. 67-102, 2018.

> ges: the encoding of memories through written symbols and the symbiotic interactions between individual and polis–State. In 50 years, our grandchildren may look at us as the last of the historical, State-run generations, not so differently from the way we look at the Amazonian tribes, as the last of the prehistorical, stateless societies. It may take a long while before we shall come to understand in full such transformations, but it is time to start working on it.[5]

O filósofo Luciano Floridi cunhou, por volta de 2002, a expressão "filosofia da informação" a partir do trabalho de Aaron Sloman intitulado *The Computer Revolution in Philosophy* e de outros pesquisadores que, como ele, previram, entre 1962 e 1988 – cinquenta anos após as primeiras publicações de Alan Turing –, o surgimento de uma área de interesse acadêmico que Floridi denomina filosofia da IA.

Esse movimento teria funcionado como um "cavalo de troia" que acabou instaurando, no meio acadêmico, o novo paradigma da filosofia da informação (*philosophy of information*, PI).[6] O grande valor das ideias de Floridi está no fato de que, em vez de tentar expandir as pesquisas filosóficas até então existentes, a PI se dedicaria a estabelecer um novo universo com métodos e metodologias inovadoras para a investigação do conceito de informação.

5 FLORIDI, L. The Onlife Manifesto. *In*: FLORIDI, L. (ed). **The Onlife Initiative.** 2014. p. 63. Disponível em: https://doi.org/10.1007/978-3-319-04093-6_2. Acesso em: 14 fev. 2022.

6 FLORIDI, L. What Is the Philosophy of Information. **Metaphilosophy**. 2002. Disponível em: https://www.researchgate.net/publication/225070243_What_Is_the_Philosophy_of_Information. Acesso em: 13 fev. 2022.

Vinte anos depois, com o desenvolvimento vertiginoso da tecnologia e o despontar da sociedade de dados, da economia de dados, do *big data* e com todas as implicações práticas e teóricas da importância da informação como ativo, Floridi emerge em um cenário multidisciplinar, de interesse do direito, como precursor de uma abordagem ético-filosófica essencial à discussão da proteção e da utilização razoável de dados.

Considerando as quase incontáveis obras de Floridi, pareceu oportuno fazer um recorte epistemológico suficiente para ilustrar a evolução do pensamento do autor nas últimas duas décadas.

No artigo *Is Semantic Information Meaningful Data?,* de 2005, o filósofo parte do conceito de informação contido no *Cambridge Dictionary of Philosophy* e em escritos de outros autores para analisar o que ele chama de definição padrão semântica de informação (*Standard Definition of Semantic Information*, SDI). A primeira providência dele foi realizar um estudo declarativo, objetivo e semântico (DOS) da palavra. A partir daí, firmou três premissas sobre a definição pragmática e clara do que seria um conceito padrão semântico para informação: (i) informação é constituída por dados; (ii) dados são bem estruturados; (iii) dados bem estruturados têm significado.[7]

Mesmo antes dessas obras, Floridi mostrava preocupação em questionar a tecnologia e a ética, tendo escrito sobre *computer ethics* (CE) e *information ethics* (IE) em 1999, oportunida-

7 Tradução livre de FLORIDI, L. Is Semantic Information Meaningful Data? **Philosophy and Phenomenological Research**, v. LXX, n. 2, p. 351-370. Disponível em: http://philsci-archive.pitt.edu/2536/1/iimd.pdf. Acesso em: 14 fev. 2022.

de em que relatou que a *computer ethics* (ética da computação, em tradução livre) não havia conseguido se alçar ao *status* de tópico filosófico respeitável:[8]

> The inescapable interdisciplinarity of CE has certainly done the greatest possible harm to the prospects for recognition of its philosophical significance. Everyone's concern is usually nobody's business, and CE is at too much of a crossroads of technical matters, moral and legal issues, social as well as political problems and conceptual analyses to be anyone's own game. Philosophers' notorious conservatism may also have been a hindrance. After all, Aristotle, Mill or Kant never said a word about it, and "professional philosophers" who know their syllabus do not often hold very broad views about which new philosophical questions may qualify as philosophers' own special problem.[9]

Talvez já passasse pela cabeça de Floridi, desde ali, a necessidade de elaborar uma solução ao impasse da CE, que seria, anos depois, a PI. Naquele momento, o filósofo italiano se limitou a explicar de que modo a filosofia da informação poderia se tornar uma espécie de base filosófica para a CE, fornecendo o fundamento para os princípios morais que então orientariam os procedimentos de resolução de problemas da IE, além de ajudar em sua conceituação.[10]

8 FLORIDI, L. Information ethics: on the philosophical foundation of computer ethics. **Ethics and Information Technology**, v. 1, n. 1, p. 33-52, 1999. Disponível em: https://www.researchgate.net/publication/226918142_Information_Ethics_On_the_Philosophical_Foundation_of_Computer_Ethics. Acesso em: 14 fev. 2022.

9 *Ibidem*, p. 1.

10 *Ibidem*.

Em 2004, mencionando a CE, Floridi e Sanders escreveram sobre a moralidade dos agentes artificiais, defendendo que estes, sobretudo os situados no ciberespaço – mas não apenas eles –, seriam parte de uma classe que poderia se envolver em situações morais, isso porque poderiam ser concebidos como pacientes morais (sofrendo ações boas ou más) ou como agentes morais (realizando ações boas ou más).[11]

Em 2015, Floridi coordenou obra intitulada *The Onlife Manifesto: being human in a hypercinnected era*. O primeiro texto do livro é o manifesto propriamente dito. Nele, alerta para os efeitos das tecnologias de informação e comunicação (ICT) sobre a sociedade, especialmente por meio de quatro transformações: (i) a dificuldade de discernir entre o real e o virtual; (ii) a dificuldade de discernir entre humano, máquina e natureza; (iii) a transição da escassez para a abundância de informação; e (iv) a sobreposição da primazia das interações sobre a primazia das entidades.[12]

No mesmo *Manifesto*, ao autor europeu publicou um texto intitulado *"Hyperhistory and the Philosophy of Information Policies"*, em que admite que pode ser necessário dar um *upgrade* na filosofia da informação (PI), se não se formular algo inteiramente novo. Segundo o autor, a sociedade vive um momento chamado "hiper-história" – sequência na linha temporal desde a pré-história e a história. Os três períodos seriam caracterizados, respectivamente, pela inexistência das ICT; pelo bem-estar

11 FLORIDI, L.; SANDERS, J. On the Morality of Artificial Agents. **Minds and Machines**, v. 14, p. 349-379, 2004. Disponível em: https://doi.org/10.1023/B:MIND.0000035461.63578.9d. Acesso em: 14 fev. 2022.

12 FLORIDI, L. **The Onlife Manifesto.** 2014. Disponível em: https://doi.org/10.1007/978-3-319-04093-6_2. Acesso em: 14 fev. 2022.

relacionado às ICT; e pelo bem-estar completamente condicionado às ICT.[13]

Em 2016 e 2018, em coautoria com diversos autores, Floridi publicou *The ethics of algorithms: Mapping the debate* e *AI4People – An Ethical Framework for a Good AI Society: Opportunities, Risks, Principles, and Recommendations.* O primeiro texto se debruça sobre a importância do desenvolvimento de algoritmos éticos a partir de um mapeamento a ser realizado em três etapas: (i) revisão da discussão existente sobre aspectos éticos da IA; (ii) mapeamento/dissecação das discussões; e (iii) análise crítica da literatura reunida para identificação das áreas nas quais é necessário investimento/trabalho no desenvolvimento de algoritmos éticos. O trabalho diferencia as preocupações epistêmicas (evidências inconclusivas, inescrutáveis e equivocadas) das normativas (injustiça, efeitos transformativos e rastreabilidade) e afirma que estas podem conduzir a potenciais falhas que dificilmente poderão ser conduzidas claramente por um responsável, dentro de uma multiplicidade de atores.[14]

A seguinte exposição retrata os achados do *AI4People*, comitê científico composto por doze especialistas e liderado por Floridi, que se dedicou a apresentar uma série de recomendações para o desenvolvimento de uma *Good AI Society* em quatro etapas. O primeiro capítulo retrata as oportuni-

13 FLORIDI, L. Hyperhistory and the Philosophy of Information Policies. *In*: FLORIDI, L. (ed.). **The Onlife Manifesto**. 2014. Disponível em: https://doi.org/10.1007/978-3-319-04093-6_2. Acesso em: 14 fev. 2022.

14 MITTELSTADT, B. *et al.* The Ethics of Algorithms: Mapping the Debate. **Big Data & Society**, p. 1-21, 2016. Disponível em: https://journals.sagepub.com/doi/full/10.1177/2053951716679679. Acesso em: 15 fev. 2022.

dades e os riscos oferecidos pela IA à sociedade. O segundo destaca a importância de uma abordagem ética quanto à IA, antecipando a importância de uma atuação baseada na mitigação de riscos. O terceiro defende a formação de um *framework* unificado de princípios para a IA na sociedade, citando diversas recomendações que, juntas, estabelecem 47 princípios que convergiriam em cinco: (i) beneficência; (ii) não maleficência; (iii) autonomia; (iv) justiça; e (v) explicabilidade. E o quarto capítulo consiste, efetivamente, nas recomendações do grupo, as quais remetem a medidas de governança e boas práticas.[15]

Não há como duvidar da relevância atual do pensamento e dos questionamentos do filósofo, nem da sua contribuição no âmbito acadêmico, tanto na seara da filosofia quanto na tecnologia e no direito.

Chega a ser uma tendência no meio jurídico moderno o debate dos textos de Floridi relacionados ao termo "filosofia digital" (adotado no título deste tópico), como também na formação dos chamados eticistas, que se empenham na discussão acerca da relevância e da aplicação da ética na regulação e na aplicação do direito, especialmente em questões correlatas à tecnologia. E nenhuma matéria ultimamente tem protagonizado tais debates mais do que a IA.

15 FLORIDI, L. *et al.* AI4People – An Ethical Framework for a Good AI Society: Opportunities, Risks, Principles, and Recommendations. **Minds and Machines**, v. 28, n. 1, 2018. Disponível em: https://www.researchgate.net/publication/329192820_AI4People-An_Ethical_Framework_for_a_Good_AI_Society_Opportunities_Risks_Principles_and_Recommendations. Acesso em: 14 fev. 2022.

2.2. Direito e ética

Como então trilhar um caminho que, aliando direito e ética, permita enfrentar especificamente os dilemas da IA e sua regulamentação pelo direito? A questão não é nova e pode ser vista em inúmeros exemplos:

> It is not possible to set theoretical limits to the power of the State to legislate against immorality. It is not possible to settle in advance exceptions to the general rule or to define inflexibly areas of morality into which the law is in no circumstances to be allowed to enter.[16]
>
> It is possible to extract from Plato's *Republic* and *Laws*, and perhaps from Aristotle's *Ethics* and *Politics*, the following thesis about the role of law in relation to the enforcement of morality: the law of the city state exists not merely to secure that men have the opportunity to lead a morally good life, but to see that they do. According to this thesis not only may the law be used to punish men for doing what morally it is wrong for them to do, but it should be so used; for the promotion of moral virtue by these means and by others is one of the ends or purposes of a society complex enough to have developed a legal system. This theory is strongly associated with a specific conception of morality as a uniquely true or correct set of principles—not man-made, but either awaiting man's discovery by the use of

16 Tradução livre: "Não é possível estabelecer limites teóricos ao poder do Estado de legislar contra a imoralidade. Não é possível estabelecer de antemão exceções à regra geral ou definir de forma inflexível áreas de moralidade nas quais a lei não deve entrar em nenhuma circunstância". DEVLIN *apud* STANTON-IFE, J. The Limits of Law. *In*: ZALTA, E. N. (ed.). **The Stanford Encyclopedia of Philosophy.** Winter 2016 Edition. Disponível em: https://plato.stanford.edu/archives/win2016/entries/law-limits/. Acesso em: 2 fev. 2022.

> his reason or (in a theological setting) awaiting its disclosure by revelation. I shall call this theory "the classical thesis" and not discuss it further.[17]
>
> The glory of justice and the majesty of law are created not just by the Constitution - nor by the courts - nor by the officers of the law - nor by the lawyers - but by the men and women who constitute our society - who are the protectors of the law as they are themselves protected by the law.[18]

17 Tradução livre: "*É possível extrair da República e das Leis de Platão, e talvez da Ética e da Política de Aristóteles, a seguinte tese sobre o papel da lei em relação à aplicação da moralidade: a lei da cidade-estado existe não apenas para garantir que os homens tenham a oportunidade de levar uma vida moralmente boa, mas para ver que eles fazem. De acordo com essa tese, a lei não apenas pode ser usada para punir os homens por fazerem o que moralmente é errado que eles façam, mas deve ser usada assim; pois a promoção da virtude moral por esses meios e por outros é um dos fins ou propósitos de uma sociedade complexa o suficiente para ter desenvolvido um sistema legal. Essa teoria está fortemente associada a uma concepção específica de moralidade como um conjunto de princípios exclusivamente verdadeiros ou corretos – não feitos pelo homem, mas aguardando a descoberta do homem pelo uso de sua razão ou (em um cenário teológico) aguardando sua revelação por revelação. Chamarei essa teoria de "tese clássica" e não a discutirei mais*". HART, H. L. A. *apud* STANTON-IFE, J. The Limits of Law. *In*: ZALTA, Edward N. (ed.). **The Stanford Encyclopedia of Philosophy.** Winter 2016 Edition. Disponível em: https://plato.stanford.edu/archives/win2016/entries/law-limits/. Acesso em: 2 fev. 2022.

18 Robert F. Kennedy disse, em tradução livre: "A glória da justiça e a majestade da lei são criadas não apenas pela Constituição – nem pelos tribunais – nem pelos oficiais da lei – nem pelos advogados – mas pelos homens e mulheres que constituem nossa sociedade – que são os protetores da lei, pois eles próprios são protegidos pela lei". RFK **Legacy Education Project.** Robert F Kennedy Human Rights. [s.d.] Disponível em: https://rfklegacy-curriculum.wordpress.com/labor-rights-resources-for-teachers/. Acesso em: 2 fev. 2022

Dworkin, utilizando uma régua kantiana, afirma que viver bem não é ter a vida mais conveniente, mas se comportar de uma maneira que poderia ser prescrita pelo indivíduo como lei universal. Os padrões morais eleitos para o relacionamento com o outro devem coincidir com o padrão ético que a pessoa gostaria de viver ela mesma.[19]

Tradicionalmente, recai sobre o Estado a obrigação de intervir para a garantia do viver bem (*well-being*), conforme preceitua Lorde Devlin. Segundo o autor, a sociedade necessita de um governo e de leis que preservem a moralidade: "*use the law to preserve morality in the same way as it uses it to safeguard anything else that is essential to its existence*".[20]

Daí o dilema, já introduzido no primeiro capítulo, a respeito das estratégias de construção de consenso. A opção privilegiada, até aqui, tem sido a de *overlapping consensus*, como um grupo de valores universais que se exemplificam na recomendação recente da OCDE. Outras formas de construir consenso são o uso do véu da ignorância de Rawls e a escolha social (democrática). Por fim, é possível adotar abordagens da ética dos negócios (*business ethics*) de Joseph Heath[21] ou o relativismo (a governança depende da cultura e do tempo "certo").

---

19 DWORKIN, R. **Justiça para ouriços.** Coimbra: Almedina, 2012.

20 DEVLIN *apud* STANTON-IFE, J. The Limits of Law. *In*: ZALTA, E. N. (ed.). **The Stanford Encyclopedia of Philosophy.** Winter 2016 Edition, Disponível em: https://plato.stanford.edu/archives/win2016/entries/law-limits/. Acesso em: 8 mar. 2019.

21 Segundo Heath, o mercado é um arranjo institucional imperfeito, porém eficiente, que maximiza o bem-estar a partir de dilemas sociais não resolvidos. HEATH, J. **Morality, competicion, and the Firm:** the Market Failures Approach to Business Ethics. Oxford: Oxford University Press. 2014.

No caso da IA, o Estado continua sendo o maior legitimado a intervir, embora seja interessante a atuação regulatória secundária de atores privados bem-intencionados que ajudem na promoção de instituições públicas e de padrões éticos. No caso da regulação pelo setor privado, espera-se a incrementação da legitimidade da iniciativa com o respeito a *guidelines* públicas, promoção de estabilidade com a elaboração de leis vinculantes e mecanismos de *accountability* e coordenação setorial com outros agentes.[22]

2.3. A tecnologia não é neutra

Faz sentido, aqui, retornar à discussão sobre a neutralidade da tecnologia. Poder-se-ia entender, por exemplo, que a tecnologia é neutra porque não resolve conflitos a partir da emoção e de digressões hermenêuticas. A maneira como o problema será abordado está intrinsecamente modelada em seu sistema algorítmico e, como explicado, esta obra sustenta que é impossível uma máquina programada por um ser humano não ser imbuída, ainda que mínima e indiretamente, de vieses (*bias*).

Como ocorre no debate a respeito de explicabilidade, a neutralidade da tecnologia também divide os autores. Nesse sentido, Thomas Ferreti defende a neutralidade de valores da tecnologia sob a ótica de que, sendo ela essencialmente "co-

22 FERRETTI, T. **An Institutionalist Approach to AI Ethics:** Justifying the Priority of Government Regulation over Self-Regulation. 2020. Disponível em: https://www.degruyter.com/document/doi/10.1515/mopp-2020-0056/html. Acesso em: 28 out. 2021.

nhecimento", espelha fatos, de modo que pode ser usada para o bem ou para o mal.[23]

Gabriel explica que a primeira questão é identificar em que lugar reside o valor, e se ele é atrelado à mente humana ou a qualquer ser autoconsciente. O autor defende que qualquer interação com criaturas autoconscientes envolve valores.

Além disso – e este parece ser o principal ponto de interesse –, independentemente de a tecnologia conter valores intrínsecos, a partir do momento em que é lançada no mundo, perceptivelmente, influencia o equilíbrio da balança onde se situam as relações humanas. O fato é que a inclinação nessa balança tende a beneficiar um lado em detrimento do outro. Daí por que o debate sobre intenção e consciência não nos parece tão relevante para a determinação da neutralidade da tecnologia como poderia parecer inicialmente. Além dos valores insculpidos estruturalmente na própria tecnologia, em especial, é o uso dessas ferramentas que afeta o modo como as pessoas pensam e escolhem e até, potencialmente, vivem suas moralidades.[24]

Pensando nas leis da robótica extraídas da obra de Isaac Asimov e no modo como as máquinas são cada vez mais programadas para reproduzir o pensamento humano e fazer escolhas que levem em consideração a incolumidade e a segurança da humanidade, fica difícil falar em neutralidade. Esse tipo de

23 LONDON SCHOOL OF ECONOMICS AND SOCIAL POLITCS (LSE). **Ethics of AI** (course). Badge de conclusão. 2021. Disponível em: https://lse.credential.getsmarter.com/6671dc86-132f-42a8-90f4-debf355b3f57#gs.exzjz5. Acesso em: 29 out. 2021.

24 *Ibidem.*

funcionamento não seria possível sem que um conjunto valorativo (i) fosse inserido propositalmente na programação da máquina e (ii) imantasse na essência da programação que reflete inconscientemente os valores dos desenvolvedores.

A solução, propõe Gabriel, está na equidade (*fairness*). Os desenvolvedores precisariam se perguntar em que consiste um sistema justo e como construir sistemas justos. A utilização dessas respostas em sentido produtivo depende do reconhecimento de que, na prática, a tecnologia não é neutra. Os efeitos dos sistemas de tecnologia não serão neutros. Então, é preciso descobrir, a partir da construção de consenso, que efeitos práticos devem ser esses e como construir sistemas que os reflitam.[25]

2.4. Os direitos dos robôs

As decisões embutidas no *design* da IA têm ramificações significativas e, apesar de oferecerem benefícios em termos de velocidade, eficiência e até mesmo de justiça, é comum que sejam permeadas de preconceitos (vieses). Isso pode acontecer em decorrência da programação a da assimilação de dados de treinamento tendenciosos. Em outras palavras, a IA pode privilegiar tanto a proteção a valores e princípios morais quanto interesses privados (econômicos, logísticos, reputacionais, concorrenciais, etc.).

Nesse palco, para preservar a segurança e a continuidade da humanidade, o conhecido escritor de ficção científica Isaac Asimov propôs as três leis da robótica, acrescentando uma

25 *Ibidem.*

quarta tempos depois: (i) o robô não pode ferir um ser humano ou, por inação, permitir que um ser humano sofra algum dano; (ii) o robô deve obedecer às ordens dadas a ele por seres humanos, exceto quando tais ordens entrarem em conflito com a Primeira Lei; (iii) o robô deve proteger sua própria existência, desde que tal proteção não entre em conflito com a Primeira e a Segunda Leis; e (iv) o robô não pode prejudicar a humanidade ou, por inação, permitir que a humanidade sofra algum dano.[26]

Nagler, Van Den Hoven e Helbing, no texto *An Extension of Asimov's Robotics Laws,* defendem uma Quinta lei da robótica: se a aplicação da Terceira e da Quarta Leis conduzirem o robô a um dilema, suas decisões deverão ser tomadas aleatoriamente, dando o mesmo peso a todas as pessoas.

A conclusão dos autores e a Quinta Lei se alinham com a ideia do experimento conduzido por Huang, Greene e Bazerman[27] sobre IA. Aproveitando a lição de Rawls sobre o véu da ignorância (VOI),[28] os autores propõem que um algoritmo decida entre sacrificar uma pessoa ou não para salvar cinco. A pesquisa conclui que a decisão tomada por um dos seis envolvidos no acidente só seria justa e equitativa se ele

26 NAGLER, J.; VAN DEN HOVEN, J.; HELBING, D. **An Extension of Asimov's Robotics Laws.** 2018. Disponível em: https://link.springer.com/chapter/10.1007%2F978-3-319-90869-4_5. Acesso em: 28 out. 2021.

27 HUANG, K.; GREENE, J. D.; BAZERMAN, M. Veil-of-ignorance reasoning favors the greater good. **Proceedings of the National Academy of Sciences (PNAS)**, v. 116, n. 48, p. 23989-23995, November 26, 2019. First published November 12, 2019. Disponível em: https://www.pnas.org/content/116/48/23989.full. Acesso em: 27 out. 2021.

28 RAWLS, J. **A Theory of Justice**. Revised Edition. Cambridge, MA: Harvard University Press: 1999.

não soubesse de que modo seria afetado – ou em que posição se encontra no experimento.

Huang, Greene e Bazerman citam o trabalho de Bonnefon, Shariff e Rahwan)[29] para demonstrar que a binariedade da situação (uma vida vale menos do que cinco vidas) só se aplica no campo prático (ao contrário do que acontece no âmbito teórico) quando o candidato ao sacrifício não tem direito de voto.

> They [authors] found that even though participants [do estudo] approve of autonomous vehicles that might sacrifice passengers to save others, respondents would prefer not to ride in such vehicles. Respondents would also not approve regulations mandating self-sacrifice. Such regulations would make them less willing to buy or use an autonomous vehicle. Bonnefon et al. concluded that regulating for utilitarian algorithms (that minimize total harm) may paradoxically lead to more casualties by postponing the adoption of safer (autonomous vehicle) technology.[30]

29 BONNEFON, J.-F.; SHARIFF, A.; RAHWAN, I. The social dilemma of autonomous vehicles. **Science**, v. 352, p. 1573-1576, Jun. 2016. Disponível em: https://www.science.org/doi/abs/10.1126/science.aaf2654. Acesso em: 28 out. 2021.

30 Tradução livre: "Eles [autores] descobriram que, embora os participantes [do estudo] aprovem veículos autônomos que podem sacrificar passageiros para salvar outros, os entrevistados preferem não andar nesses veículos. Os entrevistados também não aprovariam regulamentos que obrigassem o auto-sacrifício. Tais regulamentos os tornariam menos dispostos a comprar ou usar um veículo autônomo. Bonnefon *et al.* concluíram que a regulação por algoritmos utilitários (que minimizam o dano total) pode paradoxalmente levar a mais baixas ao adiar a adoção de tecnologia mais segura (veículo autônomo)". HUANG, K.; GREENE, J. D.; BAZERMAN, M. Veil-of-ignorance reasoning favors the greater good. **Proceedings of the National Academy of Sciences (PNAS)**, v. 116, n. 48, p. 23989-23995, November 26, 2019; first published November 12, 2019. Disponível em: https://www.pnas.org/content/116/48/23989.full. Acesso em: 27 out. 2021.

Os estudos e os projetos sobre desenvolvimento de agentes morais artificiais (AMA) se deparam com dúvidas válidas e de difícil esclarecimento. Como construir robôs com um comportamento inerentemente ético quando o desafio do alinhamento valorativo não foi conquistado ainda?

Wallach, Allen e Smit discorrem sobre o desafio do alinhamento ético antes de concluírem que a engenharia necessária à criação de um AMA passa pelo desenvolvimento de um sistema com características de virtudes ou bom caráter, capaz de interagir de modo moralmente válido na dinâmica de um contexto social.[31]

> The philosophical study of ethics has focused on the question of whether there are top-down criteria that illuminate moral decision making. Are there duties, principles, rules, or goals to which the countless moral judgments we make daily are all subservient? In a changing world it is impossible to have rules, laws, or goals that adequately cover every possible situation. One of the functions of legislatures, courts, and even differing cultures is to adjudicate and prioritize values as new challenges or unanticipated events arise. Top-down ethical systems come from a variety of sources including religion, philosophy, and literature. Examples include the Golden Rule, the Ten Commandments, consequentialist or utilitarian ethics, Kant's moral imperative and other duty based theories, legal codes, Aristotle's virtues, and Asimov's three laws for robots.[32]

31 WALLACH, W; ALLEN, C.; SMIT, I. Machine Morality: Bottom-up and Top-down Approaches for Modeling Human Moral Faculties. **AI Soc.**, n. 22, p. 565-582, 2008. Disponível em: https://www.aaai.org/Papers/Symposia/Fall/2005/FS-05-06/FS05-06-015.pdf. Acesso em: 15 mar. 2022.

32 *Ibidem.*

A despeito das incertezas, a tecnologia, em especial a IA, está remodelando as regras políticas e sociais com consequências relevantes. As causas se confundem com as consequências quando se avaliam realidades como polarização, discriminação, *fake news*, desinformação, censura e predição comportamental. Nessa seara, não apenas a combinação de inúmeros bancos de dados e de informações disseminadas pelos próprios usuários, mas também os mecanismos de vigilância e monitoramento são importantes ferramentas para controlar e influenciar o comportamento individual das pessoas.

O Estado se atropela na tentativa de regulamentar a IA. Nesse sentido, veja-se que a União Europeia consolidou um projeto regulatório com abordagem centrada em risco, resultado de quatro anos de debates, todavia os especialistas advertem que será necessário esperar pelo menos outros quatro anos antes de qualquer aprovação ou conclusão definitiva. Na contramão, o Brasil, em menos de seis meses, aprovou, na Câmara dos Deputados, o Projeto de Lei n. 21/2020, sujeito ao regime de urgência. Não houve participação popular, e o debate com a academia foi, no mínimo, limitado em escopo e profundidade.

Em ambos os documentos regulatórios, reconhece-se a necessidade de uma regulação multissetorial para a IA. Com efeito, no caso do Brasil, diversos aspectos da IA estão indiretamente regulados pelas leis vigentes. Um dos aspectos diz respeito à interseção entre IA e dados pessoais. Normas, princípios e conceitos de proteção de dados servem como instrumento ético-regulatório para a IA, sobretudo naquilo que diz respeito à manipulação e à predição do comportamento humano.

2.5. O enfretamento da *ethics washing*

A ética não se confunde com a lei ou com um direito humano. Daí por que é importante compreender se direitos fundamentais são ou não a expressão de um imperativo ético, e tal esclarecimento não consta expressamente do processo legislativo ou de seus resultados.

A pergunta subjacente diz respeito ao nível de violabilidade dos direitos fundamentais e se é possível falar em potencial violação ou em potencial direito fundamental. Isto é, quanto de concretização de uma efetiva violação é necessária para que o ato (potencialmente) violador tenha consequências jurídicas ou o direito (potencialmente) violado seja legalmente protegido.

O aspecto ético dessa discussão reside no fato de que, se a observância aos direitos fundamentais não fosse propriamente um imperativo ético, a proteção desses mesmos direitos – inclusive privacidade e proteção de dados – se enquadraria mais como inspiração do que como compromisso.

A importância dessas ponderações é maior do que parece ser. Não se trata de mero debate filosófico ou semântico. Com efeito, se os direitos fundamentais só se tornam, com efeito, fundamentais após sua violação – sendo antes disso direitos potenciais –, o imperativo ético que deveria orientar o comportamento humano e o artificial (IA) não é realmente vinculante.

Por isso, nos últimos tempos, percebe-se uma preocupação com o que o *European Group of Ethics in Science and New Technologies* (*European Commission* 2018ª ou EGE) chama de *ethics shopping*, resultado de *regulatory patchwork* ("tapa-buracos" regulatórios), o que levaria à conclusão de que "*AI ethics are essentially a quasi-binding instrument, which will be made binding only if it is sufficiently violated*".[33]

A lei e a ética existem em paralelo e podem contribuir para influenciar positivamente o comportamento humano. Ambas podem e devem fazer parte do processo de *design* de tecnologias. É o que se observa em padrões hoje consolidados, tais como *value based design, privacy by design, legal protection by design, human rights based communications infrastructure* e *ethical design*.[34]

A preocupação é como garantir a diferenciação entre os *frameworks* éticos efetivamente implementados e os fictícios ("para inglês ver"); os chamados *ethics washing (ethics theater*) ou *ethics shopping*. Esses conceitos traduzem o que se poderia chamar de uma "maquiagem" ética: é a prática de fabricar ou exagerar o interesse de uma empresa em investir em sistemas de IA equitativos que funcionem para todos.

O *ethics washing* pode se manifestar sob a forma de um comitê fabricado e inautêntico para assuntos éticos ou pela formulação de boas práticas que não são objeto de *enforcement* e *compliance*, por exemplo. Ou mesmo mediante campanhas publicitárias que se proponham a projetar uma imagem ética para a empresa que não representa o seu real funcionamento.

Em um contexto no qual o debate a respeito da tecnologia corre em paralelo com a crescente resistência a qualquer regulamentação – seja por discordância quanto aos modelos e

33 WAGNER, B. Ethics as an Escape from Regulation. From "Ethics-Washing" To Ethics-Shopping? *In*: BAYAMLIOGLU, E.; BARALIUC, I.; JANSSENS, L.; HILDEBRANDT, M. (ed.). **Being Profiled:** *Cogitas Ergo Sum*. Amsterdam: Amsterdam University Press, 2018. p. 84-89. Disponível em: https://doi.org/10.1515/9789048550180-016. Acesso em: 1º fev. 2022.

34 *Ibidem*.

ao teor das regras, seja por receio de engessamento do desenvolvimento tecnológico –, a ética se torna ainda mais relevante. Assim, é importante ter critérios comuns a partir dos quais se possa avaliar a qualidade dos compromissos éticos e de direitos humanos assumidos pelo setor público e pelo setor privado sob pena de tais estruturas se tornarem arbitrárias, opcionais ou sem sentido, em vez de substantivas, eficazes e rigorosas.

A ética não deve substituir direitos e garantias, nem leis e regulamentos. Seu papel é coadjuvante e complementar, orientador e garantidor.

2.6. Regulação

Os governos, a iniciativa privada (principalmente as principais plataformas que operam em rede, os grandes provedores de aplicações na internet etc.) e a sociedade civil têm um papel no enfrentamento dos desafios apresentados pela tecnologia. E a regulação não é uma exceção. No mundo ideal, as três instituições trabalhariam juntas e com um propósito comum.

A abordagem filosófica institucional da regulação ética da IA posiciona-se no sentido de que o Estado e a iniciativa privada, idealmente, precisam cooperar. O argumento é o mesmo utilizado na ética empresarial (*business ethics*) para defender uma divisão do trabalho moral (*division of moral labor*).[35/36]

35 SCHEFFLER, S.; V. MUNOZ-DARDÉ *apud* FERRETTI, T. **An Institutionalist Approach to AI Ethics:** Justifying the Priority of Government Regulation over Self-Regulation. 2021. Disponível em: https://www.degruyter.com/document/doi/10.1515/mopp-2020-0056/html. Acesso em: 31 out. 2021.

36 RAWLS, J. *apud* FERRETTI, T. **An Institutionalist Approach to AI Ethics:** Justifying the Priority of Government Regulation over Self-Regu-

Pensando especificamente na cultura ocidental, algumas teorias de responsabilidade social corporativa sustentam que as empresas devem também se autorregular e assumir responsabilidades sociais em adição àquelas que lhes são exigidas por lei. Teoricamente, por serem organizações enraizadas em contextos democráticos, essas sociedades empresárias teriam legitimidade, poder coercitivo e infraestrutura necessária para fazer cumprir suas regulamentações e coordenar ações coletivas em grande escala.

Essa organização seria particularmente relevante no contexto das novas tecnologias porque, até que as regulamentações públicas sejam atualizadas, as empresas não teriam escolha a não ser a autorregulação.

Nesse cenário, a atuação estatal passa a ter dois papéis relevantes. Em primeiro lugar, efetivamente atuar como agente regulatório, como legítimo embaixador do interesse público. E, em segundo lugar, impor um freio à intervenção privada.

Aqui, a abordagem institucionalista nos dá um bom referencial. Ferreti parte de três premissas: (i) estabelecimento de princípios éticos por processos democráticos; (ii) *compliance* consistente com esses princípios; e (iii) eficiência prática de suas implementações.[37] O autor defende que o ideal seria que o Estado implementasse tais providências por meio de uma *hard regulation,* e que o setor privado, em vez de se autorregular, se

lation. 2021. Disponível em: https://www.degruyter.com/document/doi/10.1515/mopp-2020-0056/html. Acesso em: 31 out. 2021.

37 *Ibidem.*

dedicasse prioritariamente a ajudar o Estado a construir regulamentos adequados.

É interessante lembrar aqui as ideias de Gabriel no sentido de que o estabelecimento dos princípios éticos acima referidos pode se dar de três formas (sobreposição de consenso, véu da ignorância ou processo democrático) e que a eficácia dependeria em grande parte do real alinhamento da IA com esses valores, sendo a consistência a consequência lógica do processo.

Ferreti, como Rawls, defende que as pessoas devem viver suas vidas de acordo com suas crenças pessoais e com o conjunto de valores morais e éticos que desejarem. De outro lado, essas mesmas pessoas precisam reconhecer e respeitar os princípios e valores morais universais, conjunto de valores aceito amplamente – que, no caso da IA, são hoje associados às recomendações da OCDE.

Note-se que a perspectiva de ambos os filósofos não é baseada no direito. O direito estabelece que a liberdade do indivíduo acaba onde começa a do outro. O limitador, então, para que a pessoa viva sua vida "como bem entender" é que ela só poderá fazê-lo até o ponto em que não cause lesão ou ameaça ao direito alheio. O resultado é basicamente o mesmo: no convívio em sociedade, não prevalecem as vontades dos indivíduos, mas as regras sociais. A diferença é que Rawls e Ferreti denominam isso de prevalência dos princípios políticos sobre os princípios morais:[38]

38 RAWLS, J. *apud* FERRETTI, T. **An Institutionalist Approach to AI Ethics:** Justifying the Priority of Government Regulation over Self-Regulation. 2021. Disponível em: https://www.degruyter.com/document/doi/10.1515/mopp-2020-0056/html. Acesso em: 31 out. 2021.

> Such rules can only foster stable agreement if they are the product of decision procedures perceived by all as legitimate and treating everyone fairly. Rawls hopes that people can reach an overlapping consensus about social rules: If each person can find, in their own value system, a reason to agree on a set of principles of justice, then the agreement will be stable over time.[39]

Na ética empresarial, a importância da participação do setor privado vai além do cumprimento das leis: é preciso que as sociedades empresárias assumam certas responsabilidades quanto à preservação de direitos fundamentais e ao desenvolvimento de uma IA ética.

A abordagem institucionalista de Ferreti tenta combinar esse papel mais atuante do setor privado e a divisão do trabalho moral (*division of moral labor*) para construir uma relação de cooperação entre o Estado e a iniciativa privada, na qual o primeiro deveria focar em uma regulação *hard* para a IA – sendo a *soft* e a *self regulation* opções menos desejáveis para a tecnologia.

A lógica de Ferreti se resume em quatro pontos: (i) a prioridade ética da maioria é viver em uma sociedade justa; (ii) o governo é mais bem legitimado a garantir a justiça com eficiência; (iii) as alternativas tendem a provocar resultados menos desejados quanto à obtenção da justiça; (iv) daí por que ajudar o governo a cumprir esse papel *deveria ser* a prioridade ética de agentes privados.[40]

39 *Ibidem.*

40 *Ibidem.*

As ideias de Ferreti são interessantes, mas, pensando sobretudo na experiência brasileira e aplicando um necessário pragmatismo, não parecem ser dotadas de factibilidade no campo da implementação. Por exemplo, para ilustrar o argumento institucionalista de legitimidade, o autor sugere que o governo, enquanto instituição democraticamente legitimada para representar o povo e os valores éticos que a sociedade deseja que prevaleçam, determine os princípios para moderação de conteúdo em plataformas *on-line*.

Como possíveis objeções, o filósofo discorre sobre liberdade de expressão e legitimidade do consenso público representado pela decisão pública. Francamente, o problema principal parece ser outro: a viabilidade da proposta. A ausência de factibilidade pode ser atribuída a diversos fatores: captura de interesses no processo político; ineficiência do Estado para instituir, monitorar e fiscalizar esse tipo de regulação; e ausência de recursos para se engajar com esse tipo de responsabilidade diante do desenvolvimento constante e do dinamismo dos discursos.

Isso porque, se a responsabilidade do Estado fosse apenas designar um conjunto de princípios e valores, seria objetivamente ineficaz que se restringisse a isso. Seria preciso uma estrutura mínima para garantir a implementação de paradigma, assim como a fiscalização e a revisão de decisões tomadas teoricamente a partir dele.

Pertinente adiantar o episódio recente da Medida Provisória (MP) n. 1.068, de 6 de setembro de 2021, que alterava o Marco Civil da Internet (Lei Federal n.12.965/2014) para restringir significantemente o poder de moderação de conteúdo das redes sociais, visando à proteção do discurso político e à redução do poder e da discricionaridade dessas plataformas.[41]

---

41 Medida Provisória n. 1.068/2021 – Art. 8º-C Em observância à liberdade de expressão, comunicação e manifestação de pensamento, a exclusão, a suspensão ou o bloqueio da divulgação de conteúdo gerado por usuário somente poderá ser realizado com justa causa e motivação. § 1º Considera-se caracterizada a justa causa nas seguintes hipóteses: I – quando o conteúdo publicado pelo usuário estiver em desacordo com o disposto na Lei n. 8.069, de 13 de julho de 1990; II – quando a divulgação ou a reprodução configurar: a) nudez ou representações explícitas ou implícitas de atos sexuais; b) prática, apoio, promoção ou incitação de crimes contra a vida, pedofilia, terrorismo, tráfico ou quaisquer outras infrações penais sujeitas à ação penal pública incondicionada; c) apoio, recrutamento, promoção ou ajuda a organizações criminosas ou terroristas ou a seus atos; d) prática, apoio, promoção ou incitação de atos de ameaça ou violência, inclusive por razões de discriminação ou preconceito de raça, cor, sexo, etnia, religião ou orientação sexual; e) promoção, ensino, incentivo ou apologia à fabricação ou ao consumo, explícito ou implícito, de drogas ilícitas; f) prática, apoio, promoção ou incitação de atos de violência contra animais; g) utilização ou ensino do uso de computadores ou tecnologia da informação com o objetivo de roubar credenciais, invadir sistemas, comprometer dados pessoais ou causar danos a terceiros; h) prática, apoio, promoção ou incitação de atos contra a segurança pública, defesa nacional ou segurança do Estado; i) utilização ou ensino do uso de aplicações de internet, sítios eletrônicos ou tecnologia da informação com o objetivo de violar patente, marca registrada, direito autoral ou outros direitos de propriedade intelectual; j) infração às normas editadas pelo Conselho Nacional de Autorregulamentação Publicitária referentes a conteúdo ou material publicitário ou propagandístico; k) disseminação de vírus de software ou qualquer outro código de computador, arquivo ou programa projetado para interromper, destruir ou limitar a funcionalidade de qualquer recurso de computador; ou l) comercialização de produtos impróprios ao consumo, nos termos do disposto no § 6º do art. 18 da Lei n. 8.078, de 11 de setembro de 1990; III – requerimento do ofendido, de seu representante legal ou de seus herdeiros, na hipótese de violação à intimidade, à privacidade, à imagem, à honra, à proteção de seus dados pessoais ou à propriedade intelectual; ou IV – cumprimento de determinação judicial. § 2º O usuário deverá ser notificado da exclusão, da suspensão ou do bloqueio da divulgação de conteúdo por ele gerado. § 3º A notificação de que trata o § 2º: I – poderá ocorrer por meio eletrônico, de acordo com as regras de uso da rede social; II – ocorrerá de forma prévia ou concomitante à exclusão, à suspensão ou ao bloqueio da divulgação de

O texto da MP tirava das redes sociais a autonomia absoluta de remoção de conteúdo e limitava a restrição às postagens que se enquadrassem nas hipóteses legalmente estabelecidas. O ato normativo rapidamente virou objeto de ações diretas de inconstitucionalidade perante o Supremo Tribunal Federal. A Ordem dos Advogados do Brasil se opôs ao texto,[42] e o Senado derrubou a MP sem nem sequer submetê-la à apreciação pelo Congresso Nacional, onde se poderia aparar eventuais arestas e aperfeiçoar sua redação.[43]

Em outras palavras, quando o Poder Legislativo teve oportunidade de se manifestar sobre moderação de conteúdo, acabou optando por não ingressar no debate. Sete par-

conteúdo; e III – conterá a identificação da medida adotada, a motivação da decisão e as informações sobre prazos, canais eletrônicos de comunicação e procedimentos para a contestação e a eventual revisão pelo provedor de redes sociais. § 4º As medidas de que trata o caput também poderão ser adotadas a requerimento do próprio usuário, ressalvadas as hipóteses de guarda obrigatória de registros previstas na legislação." (NR) "Art. 8º-D Para aplicação do disposto nos art. 8º-B e art. 8º-C, será considerada motivada a decisão que: I – indicar a parte específica do contrato de prestação de serviços ou do termo de uso relativo aos serviços fornecidos pelo provedor de aplicações de internet que foi violada; II – especificar a postagem ou a conduta considerada afrontosa ao contrato de prestação de serviços ou ao termo de uso; e III – informar o fundamento jurídico da decisão". (NR)

42 LIMA, K. OAB vai ao STF para derrubar MP de Bolsonaro que limita poder das redes sociais. **Olhar Digital**. 14 de setembro de 2021. Disponível em: https://olhardigital.com.br/2021/09/14/internet-e-redes-sociais/oab-vai-ao-stf-para-derrubar-mp-de-bolsonaro-que-limita-poder-das-redes-sociais/. Acesso em: 31 out. 2021.

43 PACHECO devolve MP que dificultava retirada de conteúdo da internet. **Agência Senado**. 14 de setembro de 2021. Disponível em: https://www12.senado.leg.br/noticias/materias/2021/09/14/pacheco-devolve-mp-que-dificultava-retirada-de-conteudo-da-internet. Acesso em: 31 out. 2021.

tidos políticos impugnaram o ato perante a Suprema Corte.[44] Independentemente de eventuais debates políticos circunstanciais na arena pública, a despeito de toda a sua legitimação, parece que o Poder Legislativo simplesmente renunciou à sua função institucional, deixando de aproveitar a oportunidade para aprimorar ou mesmo debater de forma mais ampla a regulamentação proveniente do Poder Executivo.

Por fim, os outros dois argumentos institucionalistas de Ferreti são a estabilidade e a eficiência. A estabilidade decorreria do fato de que o Estado, supostamente, estaria mais bem equipado para garantir a privacidade das pessoas por ser mais *compliant* e mais linear em seu funcionamento. Qualquer brasileiro ergueria as sobrancelhas ouvindo isso. Tanto que, quando o professor antecipa a objeção ao seu argumento, se pergunta se essa seria uma visão pessimista da sociedade - enquanto o leitor tupiniquim muito mais provavelmente acharia que é uma visão otimista do Estado.[45]

Mais: quando Ferreti discorre sobre os possíveis abusos a serem perpetrados pelo setor privado perante o consentimento para tratamento de dados, esquece-se de que uma quantidade assombrosa dessas informações já está pulverizada no mercado. O que se vivencia hoje, em realidade, não é mais pro-

44 LARA, R. Partidos protocolam ação no Supremo contra MP que altera Marco Civil da Internet. **CNN Brasil**. 7 de setembro de 2021. Disponível em: https://www.cnnbrasil.com.br/politica/partidos-protocolam-acao-no-supremo-contra-mp-que-altera-marco-civil-da-internet/. Acesso em: 31 out. 2021.

45 FERRETTI, T. An Institutionalist Approach to AI Ethics: Justifying the Priority of Government Regulation over Self-Regulation. **Moral Philosophy and Politics**. 2020. Disponível em: https://www.degruyter.com/document/doi/10.1515/mopp-2020-0056/html. Acesso em: 31 out. 2021.

priamente uma ação conjunta pela preservação da intimidade e da privacidade, mas uma corrida antifraude. Os dados pessoais, ao menos na realidade brasileira e diante dos inúmeros incidentes de segurança noticiados (vazamentos de bases de dados públicas e privadas de dezenas de milhões de brasileiros), já se encontram amplamente disseminados. O momento, portanto, é de pós-privacidade. Restam apenas a implementação de medidas de segurança e o desenvolvimento de mecanismos de proteção contra o uso indevido dos dados já espalhados.

Finalmente, Ferreti aborda a eficiência para explicar como a IA vai revolucionar o mercado de trabalho e a produção industrial e defender a importância de garantir distribuição justa de recursos e mitigar os efeitos disruptivos da tecnologia sobre as pessoas. Um dos seus argumentos é que o Estado é mais bem equipado para mapear a população, categorizá-la e distribuir recursos de acordo com critérios justos.[46] Essa lógica é indisputável. O que se questiona é a sabedoria dela.

O governo já desenvolve, no Brasil, campanhas e programas de auxílio social. Tanto que, durante a pandemia, entregou milhares de reais em auxílios emergenciais. O problema aqui é anterior: se será necessário prestar auxílio financeiro aos desempregados da IA e como equipá-los para o novo mercado. Além disso, a experiência, inclusive com a pandemia, é de que muitas pessoas tentam obter auxílio financeiro indevido ou continuar recebendo mesmo quando deixam de fazer jus a ele – porque conseguiram um emprego, por exemplo.

46 *Ibidem.*

Há mais questões em aberto: em se tratando de demissão em massa em determinado setor, deveria a iniciativa privada arcar parcialmente com o custo do auxílio e da reinserção dessa coletividade no mercado de trabalho (com a extinção de uma profissão e a necessidade de captação do grupo para o exercício de outras)? Em caso positivo, de que forma a contribuição deveria ser operacionalizada? Por aporte financeiro via encargo? Pela disponibilização de cursos e oficinas patrocinadas?

Embora do ponto de vista ético-ideal faça sentido supor que as empresas privadas deveriam ter como prioridade voluntária o investimento na regulação estatal da tecnologia, o ponto é que, no final das contas, acaba por ser economicamente mais interessante manter o *status quo* com uma externalidade negativa para a inovação.

Considerando as circunstâncias não ideais, é pertinente aderir ao pensamento de Abraham Singer e ao conceito de *justice failure* (falha de justiça). Singer explica que, embora os governos possam ser, em princípio, mais legítimos, estáveis e eficientes do que agentes privados na realização de uma sociedade justa, muitas vezes falham:[47]

> [...] justice failure, although also concerned with state action, is not about the failure to achieve efficiency, but the failure to achieve some morally desirable form of equality (whatever that notion of equality is). While market failure suggests failures of the market to achieve all possible

47 SINGER, A. Justice Failure: Efficiency and Equality in Business Ethics. **Academia Edu**. 2016. Disponível em: https://www.academia.edu/21605041/Justice_Failures_Efficiency_and_Equality_in_Business_Ethics. Acesso em: 31 out. 2021.

> Pareto improvements, justice failure suggests failures of the welfare state to achieve all possible movements toward equality consistent with efficiency. Similarly, just as the MFA argues that business must refrain from intentionally profiting from market failure in order to avoid contradicting the implied morality of the market, businesses must also refrain from intentionally profiting off of justice failure in order to avoid contradicting the implied morality of the larger social scheme that justifies the implied morality of the market.[48]

A ideia de *market failure* explorada por Singer não é nova e já foi referida neste trabalho em Joseph Heath. Trata-se de expressão cunhada por Pigou em 1932 na obra *Economics of Welfare*.[49] A abordagem ético-empresarial das falhas de mercado (*market failures approuach, MFA, to business ethics*) compartilhada por Singer e Heath pressupõe que a compreensão das regras do mercado leva igualmente à constatação de que uns ganham em detrimento de outros. Singer ilustra o argumento com uma metáfora esportiva: para entender por que não é moralmente condenável que um jogador derrube o outro, é preciso conhecer as regras do jogo de futebol.[50]

Quando as instituições públicas são justas, os *players* no mercado podem se concentrar em fazer negócios, respeitando a lei. Mas no mundo real, considerando circunstâncias não ideais em que o Estado é injusto, ausente ou ineficaz, a natureza das obrigações éticas muda porque não é razoável as empresas e as

48 *Ibidem*, p. 11.

49 *Ibidem*.

50 *Ibidem*.

pessoas se contentarem em seguir a lei. Ambas precisam assumir mais responsabilidades e contribuir com a sociedade justa.

O próprio Ferreti reconhece a dificuldade de conciliar a abordagem institucionalista com circunstâncias não ideais, embora a defenda mesmo assim, atribuindo à sociedade e ao setor privado a responsabilidade de construir as instituições e as circunstâncias ideais.[51]

2.6.1. Autorregulação

Lawrence Lessig escreve sobre a internet tendo começado a partir de "*uma reunião de pessoas invisíveis*". A arquitetura original do ciberespaço nasceu na forma de um modelo que não comportava regulação ou monitoramento externos.[52] Com o tempo, o ciberespaço se diversificou, adaptou-se para prosperar e revelou-se uma estrutura orgânica e elástica. O resultado, de modo simplista, foi o surgimento de uma tripla regulação: pelo código, pelo Estado e pelos entes privados:

> Este regulador é código – o software e o hardware que fazem o ciberespaço como ele é. Este código, ou arquitetura, define os termos em que a vida no ciberespaço é experimentada. Determina o quão fácil é proteger a privacidade ou quão fácil é censurar a fala. Determina se o acesso à informação é geral ou se a informação é zonificada. Afeta

---

51 FERRETTI, T. An Institutionalist Approach to AI Ethics: Justifying the Priority of Government Regulation over Self-Regulation. **Moral Philosophy and Politics**. 2020. Disponível em: https://www.degruyter.com/document/doi/10.1515/mopp-2020-0056/html. Acesso em: 31 out. 2021.

52 LESSIG, L. **Code version 2.0.** Disponível em: http://codev2.cc/. Edição eletrônica. New York: Basic Books, 2006. Acesso em: 22 jun. 2019.

> quem vê o quê ou o que é monitorado. O código do ciberespaço regula de uma série de maneiras impossíveis de vislumbrar, a menos que se comece a compreender sua natureza. [...] Nossa escolha não é entre "regulação" e "não regulação". O código regula. Ele implementa valores, ou não. Permite liberdades, ou as desqualifica. Protege a privacidade ou promove o monitoramento. As pessoas escolhem como o código faz essas coisas. As pessoas escrevem o código. Assim, a escolha não é se as pessoas vão decidir como o ciberespaço é regulado. Pessoas - codificadores - irão. A única escolha é se nós, coletivamente, teremos um papel no que eles escolherão - e assim em determinar como estes valores serão regulados - ou se, coletivamente, permitiremos que os codificadores selecionem nossos valores por nós.[53]

Harari afirma - de modo complementar à lógica de Lessig - que nunca foi oportunizado à sociedade discutir sobre o tipo de internet que se deseja, na linha democrática da construção de consenso. As decisões foram todas tomadas por indivíduos aleatórios, com ou sem agendas privadas, até que foram assumidas por grandes *players*, *stakeholders* públicos e privados.[54]

Harari e Lessig concordam que é muito mais difícil controlar a mudança da arquitetura da rede do que foi desenhá-la. E não obstante a filosofia ocupe atualmente um lugar de destaque na engenharia tecnológica, o desenvolvimento das máquinas e

53 LESSIG, L. Code is Law. On liberty in cyberspace. **Harvard Magazine**, 2000. Disponível em: http://harvardmagazine.com/2000/01/code-is-law-html. Acesso em: 31 out. 2021.

54 HARARI, Y. N. **Homo Deus:** uma breve história do amanhã. Tradução Paulo Geiser. São Paulo: Companhia das Letras, 2015.

de seus algoritmos segue um ritmo exponencial de crescimento difícil de acompanhar.

O direito, mais que a filosofia, tem dificuldade de seguir o ritmo tecnológico disruptivo. Teubner traça um paralelo curioso a respeito dessa relação, explicando que, embora direito e tecnologia tenham naturezas binárias (legal e ilegal, zero e um), a binariedade do direito é permeada por exceções e regras hermenêuticas, enquanto a tecnologia será sempre radical, matemática, taxativa e final:[55]

> The strict binary formulation, 0-1, which is only relevant to a real-world legal code in the systems theoretical sense of the distinction between 'legal' and 'non-legal', extends, in a virtual world of legal programs, to inform legal decision-making in its entirety. This precludes any room for interpretational maneuver within the programs throughout the entire jurisdiction of the Code. Normative conduct expectations, which could always be interpreted, adapted, manipulated or bent, are becoming rigid cognitive expectations of factual circumstances (inclusion/exclusion). The esoteric forms of learning, which were always to be found in the permanent microvariations of law in the face of new facts or new social values, are excluded from the Code. Even legal arguments are excluded from the jurisdiction of the Code. The Code has no room for those functions that were always allowed within traditional law: the making of exemptions, the application of equitable prin-

55 CHACON ROSAS, E. M. Resistência do Direito à Tecnologia: uma análise teubniana de comunicação e regulação. **The Law, State and Telecommunications Review/Revista de Direito, Estado e Telecomunicações**. Brasília, Brasília, v. 10, n. 2, p. 67-102, outubro de 2018. Disponível em: https://periodicos.unb.br/index.php/RDET/article/view/21494/19810. Acesso em: 31 dez. 2021.

ciples, the non-application of law, or, the simple recourse to non-legal forms of communication. Digitalization precludes the informal non-application of the Code. Given the demise of 'useful illegality', it is no wonder that the figure of the Hacker who endeavors to break the Code has become the modern embodiment of the Robin Hood myth.[56] Apoiado pela validade exclusiva do "código binário" lícito/ilícito, o direito desenvolve uma estrutura complexa de conceitos que chamamos de "doutrina", que é, de fato, incomensurável com teorias científicas. O código jurídico, que é diferente de outros "códigos binários" da sociedade, constitui a base da autonomia inevitável da doutrina ju-

56 Tradução livre: "A estrita formulação binária, 0-1, que só é relevante para um código jurídico do mundo real no sentido teórico dos sistemas da distinção entre 'legal' e 'não-jurídico', estende-se, em um mundo virtual de programas jurídicos, para informar a tomada de decisão legal em sua totalidade. Isso exclui qualquer margem de manobra interpretativa dentro dos programas em toda a jurisdição do Código. As expectativas normativas de conduta, que sempre poderiam ser interpretadas, adaptadas, manipuladas ou distorcidas, estão se tornando rígidas expectativas cognitivas de circunstâncias factuais (inclusão/exclusão). Estão excluídas do Código as formas esotéricas de aprendizagem, que sempre se encontravam nas microvariações permanentes do direito diante de novos fatos ou novos valores sociais. Até mesmo argumentos jurídicos estão excluídos da jurisdição do Código. O Código não tem espaço para aquelas funções que sempre foram permitidas no direito tradicional: a realização de isenções, a aplicação de princípios equitativos, a não aplicação da lei, ou o simples recurso a formas não legais de comunicação. A digitalização impede a não aplicação informal do Código. Dado o fim da 'ilegalidade útil', não é de admirar que a figura do Hacker que se esforça para quebrar o Código tenha se tornado a personificação moderna do mito de Robin Hood". TEUBNER, G.; KARAVAS, V. The Horizontal Effect of Fundamental Rights on 'Private Parties' within Autonomous Internet Law. **Constellations: An International Journal of Critical and Democratic Theory**, v. 12, n. 2, 2005. Disponível em: http://onlinelibrary.wiley.com/doi/10.1111/j.1351-0487.2005.00415.x/abstract. Acesso em: 31 out. 2021.

> rídica, a qual exclui categoricamente qualquer tomada de poder unilateral por parte das teorias sociais.[57]

A binariedade da tecnologia está na essência do código, a que se referiram também Lessig e Harari. O código (*code*) estrutura e organiza o sistema e determina de que maneira a realidade será processada. É, portanto, composto de uma série de dispositivos, inseridos em uma diversidade de programações e utilizações, e tenderá para um lado ou outro conforme seja conduzido pela força, maioria e importância das programações.

O ciberlibertarianismo defende a suficiência do código como regulação do ciberespaço. Em *A cypherpunk´s Manifesto*, Eric Hughes se revolta contra a possibilidade de regulação da criptografia. Em *The Crypto-Anarchist Manifesto*, Timothy May reconhece que a tecnologia estava deixando o ambiente acadêmico e começando a encontrar viabilidade econômica e se tornar invencível:

> Cypherpunks deplore regulations on cryptography, for encryption is fundamentally a private act. The act of encryption, in fact, removes information from the public realm. Even laws against cryptography reach only so far as a nation's border and the arm of its violence. Cryptography will ineluctably spread over the whole globe, and with

57 Tradução livre: "A validade exclusiva do "digo binário" lícito/ilí, o direito de uma estrutura complexa de conceitos que pode ser desenvolvida de "doutrina", de fato, rentável com as teorias científicas. O código jurídico, que é diferente de outros "códigos binários" da sociedade, constitui a base da autonomia da doutrina jurídica, a qual exclui categoricamente tomada de poder unilateral por parte das teorias sociais". TEUBNER, G. Direito e teoria social: três problemas. **Tempo Social**, v. 27, n. 2, p. 75-101, 2015. Disponível em: http://dx.doi.org/10.1590/0103-2070201524. Acesso em: 31 out. 2021.

it the anonymous transactions systems that it makes possible.[58]
The technology for this revolution - and it surely will be both a social and economic revolution - has existed in theory for the past decade. The methods are based upon public-key encryption, zero-knowledge interactive proof systems, and various software protocols for interaction, authentication, and verification. The focus has until now been on academic conferences in Europe and the U.S., conferences monitored closely by the National Security Agency. But only recently have computer networks and personal computers attained sufficient speed to make the ideas practically realizable. And the next ten years will bring enough additional speed to make the ideas economically feasible and essentially unstoppable.[59]

58 Tradução livre: "Os Cypherpunks deploram os regulamentos sobre criptografia, pois a criptografia é fundamentalmente um ato privado. O ato de criptografia, de fato, remove informações do domínio público. Mesmo as leis contra a criptografia atingem apenas a fronteira de uma nação e o braço de sua violência. A criptografia inevitavelmente se espalhará por todo o globo e, com ela, os sistemas de transações anônimas que ela possibilita". HUGHES, E. **A Cypherpunk´s Manifesto**, 1993. Disponível em: https://nakamotoinstitute.org/static/docs/cypherpunk-manifesto.txt. Acesso em: 28 out. 2021.

59 Tradução livre: "A tecnologia para esta revolução - e certamente será uma revolução social e econômica - existe em teoria na última década. Os métodos sao baseados em criptografia de chave pública, sistemas de prova interativa de conhecimento zero e vários protocolos de software para interação, autenticação e verificação. O foco até agora tem sido em conferências acadêmicas na Europa e nos EUA, conferências monitoradas de perto pela Agência de Segurança Nacional. Mas só recentemente as redes de computadores e os computadores pessoais atingiram velocidade suficiente para tornar as ideias praticamente realizáveis. E os próximos dez anos trarão velocidade adicional suficiente para tornar as ideias economicamente viáveis e essencialmente imparáveis". MAY. T. C. **The Crypto-Anarchist Manifesto**, 1992. Disponível em: https://groups.csail.mit.edu/mac/classes/6.805/articles/crypto/cypherpunks/may-crypto-manifesto.html. Acesso em: 28 out. 2021.

Com tudo isso, Lessig, no final das contas, estava certo quando alertou sobre a instabilidade do conceito de *unregulability* (resistência à regulação) do ciberespaço. A autorregulação pelo código não é mais suficiente. E o espaço deixado em aberto pelo Estado - de modo proposital ou não - deu margem à ação e à dominação de *players* privados. Cientes de que a arquitetura do ciberespaço não é determinada e pode ser alterada por protocolos básicos, esses *stakeholders* têm regulado de modo ostensivo a tecnologia, lançando mão de ferramentas - inclusive via IA - para monitorar e manipular o comportamento social dos usuários, moldando a rede conforme seus interesses.

Ora, apesar de a sociedade nunca ter sido formalmente envolvida no processo de regulação da tecnologia, ela sempre teve papel importante na regulação do código, ainda que exercido majoritariamente por omissão –, o que não muda o fato de que as pessoas tenham no *click* um poder de veto capaz de cancelar qualquer gigante.

A autorregulação, como visto no capítulo anterior, torna-se uma tendência forte no que se refere à IA em razão da sua dinamicidade e da dificuldade estatal em se antecipar aos novos movimentos e dilemas regulatórios.

Um exemplo interessante se observa no setor de telecomunicações brasileiro. O Sindicato Nacional das Empresas de Telefonia e de Serviço Móvel Celular e Pessoal (Conexis Brasil Digital), entidade sindical que reúne empresas de telecomunicações e de conectividade, criou o Sistema de Autorregulação das Telecomunicações (SART), responsável pela elaboração e aprovação de normas pelas entidades do setor e instituição de conselheiros independentes, conforme regras de governança.[60]

O SART é responsável pela elaboração de normativos, aprovados pelo Conselho de Autorregulação, sobre a organização e o funcionamento dos serviços de telecomunicações. O sistema foi lançado em março de 2020 por iniciativa das empresas de telecomunicações. Desde sua criação, o SART já conta com quatro normativos que trazem regras para orientar as prestadoras no relacionamento com consumidores: (i) telemarketing (Normativo SART 01/2019); (ii) atendimento ao cliente (Normativo SART 02/2020); (iii) oferta (Normativo SART 03/2020); e (iv) cobrança (Normativo SART 04/2021).

Os bancos podem aderir ao sistema de autorregulação da Federação Brasileira de Bancos (Febraban), e o próprio Banco Central prevê "autorregulação assistida" para o *open banking*.[61] Essas iniciativas demonstram que a autorregulação (assistida ou não) já se tornou realidade.

2.6.2. Autorregulação regulada

Diante dos modelos expostos nos itens anteriores, surge uma dúvida: entre a heterorregulação e a autorregulação, há algum caminho alternativo ou estamos diante de uma escolha

60 CONEXIS. **Sistema de Autorregulação das Telecomunicações (SART)**. Disponível em: https://conexis.org.br/autorregulacao/sart/institucional/sobre-o-sart/. Acesso em: 28 jan. 2022.

61 BC prevê 'autorregulação' no sistema open banking, mas não descarta intervenção. **CNN Brasil**. 18 de maio de 2020. Disponível em: https://www.cnnbrasil.com.br/business/bc-preve-autorregulacao-no-sistema-open-banking-mas-nao-descarta-intervencao/. Acesso em: 24 fev. 2022.

binária? A resposta, como se verá (e como é de se intuir), é positiva: trata-se de autorregulação regulada.

O estudo das obras de Teubner levam à conclusão de que o Sistema Tecnologia interage – ainda que de modo reflexo – com os demais Sistemas, particularmente com o Direito, que se propõe a desenvolver regulações jurídicas na sociedade global:[62]

> É pertinente destacar, quanto à Tecnologia, uma falha na apreensão pelo Direito da autonomia tecnológica (que a promoveu a sistema de segunda grau), o que é um enorme entrave à regulação desta. Sendo a sociedade um sistema autopoiético de comunicações, seus atos de comunicação geram novos atos de comunicação até que, formados diversos circuitos de comunicação, um deles desenvolva tamanha autonomia ao ponto de se transformar em sistema de segundo grau. [...] Daí a importância de autorregulação para corrigir a defasagem jurídica em relação à Tecnologia; caso contrário, será inviável atribuir-lhe qualquer função operacional eficaz nos âmbitos da vida social moderna que dependam da tecnologia (quase todos) e em relação às questões tecnológicas reguláveis. Para tanto, o Direito precisa lidar com sua própria autopoiese e com a autopoiese dos outros sistemas sociais, dentre os quais o tecnológico, para que possa incluir em seu hiperciclo elementos informacionais advindos deste sistema em sua relação cognitiva com o respectivo meio envolvente.[63]

---

62 CHACON ROSAS, E. M. Resistência do Direito à Tecnologia: uma análise teubniana de comunicação e regulação. **The Law, State and Telecommunications Review/Revista de Direito, Estado e Telecomunicações**. Brasília, Brasília, v. 10, n. 2, p. 67-102, outubro de 2018. Disponível em: https://periodicos.unb.br/index.php/RDET/article/view/21494/19810. Acesso em: 31 dez. 2021.

63 *Ibidem.*

O esforço de autorregulação, ocorre em diversas frentes, não apenas na jurídica (direito). A resposta de Teubner para o dilema regulatório da internet seria a elaboração de uma constituição digital que viabilizasse o acoplamento estrutural entre direito e tecnologia. Na obra *Societal Constitutionalism: alternatives to State-centred Constitutional Theory*, ele discorre sobre a possibilidade de uma constituição sem Estado.

Dessa maneira, normas legais não seriam resultado da regulamentação de conflitos por cortes oficiais internacionais e nacionais. Órgãos de resolução de disputas sociais não políticas, organizações internacionais, tribunais de arbitragem, órgãos mediadores, comitês de ética e sistemas de tratados, todos seriam fóruns para o desenvolvimento dessa constituição. Nessa linha, "os centros existentes de elaborações de lei (parlamentos nacionais, instituições legislativas e acordos intergovernamentais) não seriam a origem de todas as normas constitucionais".[64]

Um exemplo prático seria a *Internet Corporation for Assigned Names and Numbers* (ICANN), que evoluiu em estruturas funcionais e de representação territorial e hierárquica para gestão e esclarecimentos de questões envolvendo nomes de domínios:[65]

64 *Ibidem.*

65 SILVA. B. M. Discurso de ódio nas normativas transnacionais de empresas de mídias sociais: uma abordagem acerca das possibilidades da autorregulação regulada. **Brazilian Journal of International Relations, BJIR**, v. 9, n. 2, p. 405-433, 2020. Disponível em: https://revistas.marilia.unesp.br/index.php/bjir/article/view/9317 Acesso em: 16 jan. 2022.

> Moreover, ICANN is associated with public law bodies via contractual relations, which allow the US Government to secure a means of influencing this otherwise private governance. The arrangement involves, then, a complex combination of contracts which cannot be equated with either one formal organization, or with the sum of bilateral contracts. Individual contracts and formal organizations are aimed at the achievement of one overriding purpose and create a regulatory framework at the emerging level.[66]

Abboud e Campos acrescentam a essa leitura o fato de que a transformação do direito nas sociedades de dados dificulta a atuação do direito regulatório tradicional porque o Estado simplesmente não sabe como intervir em ambientes dinâmicos, especialmente se houver participação de IA.[67]

É mais fácil visualizar a autorregulação regulada em um panorama de (tentativa de) controle do discurso de ódio, por exemplo. Isso porque as diversas empresas são construídas de maneira distinta e mantêm concepções próprias a respeito do conceito desse tipo de comportamento:

---

66 Tradução livre: "Além disso, a ICANN está associada a órgãos de direito público por meio de relações contratuais, o que permite ao governo dos EUA obter meios de influenciar essa governança privada. O arranjo envolve, então, uma combinação complexa de contratos que não podem ser equiparados nem a uma organização formal, nem à soma dos contratos bilaterais. Contratos individuais e organizações formais visam alcançar um propósito primordial e criam uma estrutura regulatória no nível emergente". TEUBNER, G. ***Constitutionalising Polycontexturality***. 2010. Disponível em: https://www.jura.uni-frankfurt.de/42852930/Generic_42852930.pdf. Acesso em: 20 de jan. 2022.

67 ABBOUD, G.; CAMPOS, R. A autorregulação regulada como modelo do direito proceduralizado: regulações de redes sociais e proceduralização. *In*: ABBOUD, G.; NERY JÚNIOR, N.; CAMPOS, R. **Fake news e regulação**. São Paulo: Thomson Reuters, 2020. p. 121-141.

> Conforme dados registrados pela UNESCO, o Yahoo!, por exemplo, proíbe a publicação de conteúdos considerados ilegais, prejudiciais, ofensivos, ameaçadores, vulgares, obscenos, acusatórios, odiosos, entre outras especificações. A Microsoft tem regras específicas sobre discurso de ódio para aplicativos, no sentido de proibir aqueles que contenham conteúdo em defesa da discriminação, ódio ou violência, com base em fatores de raça, étnica, nacionalidade, idioma, sexo, religião e orientação sexual. A Política de Discurso de Ódio do YouTube determina, ainda, aos usuários e público em geral que realizem denúncias caso encontrem conteúdos que se identifiquem com o conceito acima referido. [...] De acordo com a política contra propagação de ódio do Twitter, não são permitidas condutas e imagens de propagação de ódio. Nesse sentido, "[...] promover violência, atacar diretamente ou ameaçar outras pessoas com base em raça, etnia, nacionalidade, orientação sexual, sexo, gênero, religião, idade, deficiência ou doença grave" e "[...] usar imagens ou símbolos de propagação de ódio em imagens de perfil ou capa".[68]

A identificação das insuficiências regulatórias ou normativas facilita tanto a compreensão do problema quanto a constatação fática da insuficiência dos modelos de regulação vigentes. Abboud e Campos sugerem, então, que a autorregulação regulada preserva e respeita a dinamicidade da evolução da tecnologia e da sociedade, mas, ao mesmo tempo, resguarda

68 SILVA. B. M. Discurso de ódio nas normativas transnacionais de empresas de mídias sociais: uma abordagem acerca das possibilidades da autorregulação regulada. **Brazilian Journal of International Relations, BJIR**, v. 9, n. 2, p. 405-433, 2020. Disponível em: https://revistas.marilia.unesp.br/index.php/bjir/article/view/9317 Acesso em: 16 jan. 2022.

interesses públicos – tese que os autores desenvolvem considerando especificamente o panorama das *fake news.*[69]

A autorregulamentação social regulamentada pelo Estado depende de o poder público regular e intervir em organizações autônomas, o que pode ocorrer de diversas maneiras. Um exemplo interessante, que será abordado no próximo capítulo, é a elaboração, pela Autoridade Nacional de Proteção de Dados (ANPD) junto ao Tribunal Superior Eleitoral (TSE), de um guia orientativo para aplicação da LGPD por agentes de tratamento de dados no contexto eleitoral.[70]

A premissa aplicável aqui é de que a autorregulação regulada seria capaz de conciliar direitos humanos fundamentais, como privacidade, dignidade e proteção de dados, com as funcionalidades dos sistemas de tecnologia. E se essa solução não se aplica de modo universal – como dificilmente o faz qualquer outra –, certamente, representa proposta interessante para problemas atuais e para cenários específicos (como o eleitoral, por exemplo).

2.7. Modelos regulatórios no direito comparado

Um estudo realizado em conjunto pelo Parlamento Europeu e o Policy Department for Citizens' Rights and Constitutional

---

69 ABBOUD, G.; CAMPOS, R. A autorregulação regulada como modelo do direito proceduralizado: regulações de redes sociais e proceduralização. *In*: ABBOUD, Georges; NERY JÚNIOR, Nelson; CAMPOS, Ricardo. **Fake news e regulação.** São Paulo: Thomson Reuters, 2020. p. 121-141.

70 ANPD/TSE. **Guia orientativo para aplicação da Lei Geral de Proteção de Dados (LGPD) por agentes de tratamento de dados no contexto eleitoral.** 2021. Disponível em: https://www.gov.br/anpd/pt-br/assuntos/noticias/guia_lgpd_final.pdf. Acesso em: 20 jan. 2022.

Affairs (*Disinformation and propaganda - impact on the functioning of the rule of law in the EU and its member states*) apresenta modelos regulatórios mais complexos do que os comumente mencionados pela doutrina brasileira. São eles: (i) *co-regulation*; (ii) *self-regulatory mechanisms (market self-correction*); (iii) *pure self-regulation*; e (iv) *induced self-regulation.*[71]

Co-regulation é a parceria anunciada entre França e Facebook a partir da qual as autoridades francesas passam a ter acesso e a monitorar as políticas do Facebook e suas ferramentas para remoção de *posts* e fotos discriminatórios. *Market self-correction* é a autorregulação tradicional pelos próprios provedores, motivados para tanto. *Pure self-regulation* é um modelo no qual as postagens e os conteúdos falsos seriam esclarecidos em vez de removidos. A eles se acresceria uma nota a ser produzida, inclusive, por terceiros (*fact checkers*) sob o nome de *related articles*. *Induced self-regulation* consiste em algo mais próximo da autorregulação regulada, mais voltada para códigos de boas práticas ou outros modelos de regulamentação interna, inclusive, a partir da realização de fóruns com a participação de *stakeholders* múltiplos.[72]

71 EUROPEAN PARLIAMENT. Policy Department for citizens' rights and Constitutional affairs. **Disinformation and propaganda -** impact on the functioning of the rule of law in the EU and its member states. 2019. Disponível em: https://www.europarl.europa.eu/thinktank/en/document/IPOL_STU(2019)608864. Acesso em: 22 fev. 2022.

72 *Ibidem.*

2.8. Dilemas regulatórios da IA

A União Europeia disponibilizou proposta de regulamento para a IA em abril de 2021.[73] A Deputada Federal Luísa Canziani (PTB/PR) apresentou substitutivo ao Projeto de Lei de autoria do Deputado Federal Eduardo Bismark (PDT/CE), do qual era relatora, em setembro de 2021.[74] No mesmo mês, o projeto de lei foi aprovado em regime de urgência pela Câmara dos Deputados e em dezembro de 2022 um texto totalmente novo foi elaborado no Senado como substitutivo.

Os desafios regulatórios encontrados na regulamentação da inteligência artificial são compatíveis com o processo legislativo atual, que é acelerado? Algumas dessas questões já foram discutidas pela literatura acadêmica, particularmente por Lessig e Sullins, que questionam a proteção da liberdade em um ambiente controlado para coletar informações e torná-las acessíveis ao maior número de interessados de forma eficiente, mesmo que isso seja feito com base em falsas promessas:

> How do we protect liberty when the architectures of control are managed as much by the government as by the private sector? How do we assure privacy when the ether perpetually spies? How do we guarantee free thou-

73 COMISSÃO EUROPEIA. **Proposta de regulamento do Parlamento Europeu e do Conselho que estabelece regras harmonizadas em matéria de Inteligência Artificial (Regulamento Inteligência Artificial) e altera determinados Atos Legislativos da União.** 2021. Disponível em: https://eur-lex.europa.eu/legal-content/PT/TXT/HTML/?uri=CELEX:52021PC0206&from=EN. Acesso em: 31 out. 2021.

74 BRASIL. Câmara Federal. **Substitutivo ao PL n. 21, de 2020**. 2021. Disponível em: https://www.camara.leg.br/proposicoesWeb/prop_mostrarintegra?codteor=2082139&filename=PPP+1+CCTCI+%3D%3E+PL+21/2020. Acesso em: 31 out. 2021

ght when the push is to propertize every idea? How do we guarantee self-determination when the architectures of control are perpetually determined elsewhere?[75]

Several of the issues raised above result from the moral paradox of Information technologies. Many users want information to be quickly accessible and easy to use and desire that it should come at as low a cost as possible, preferably free. But users also want important and sensitive information to be secure, stable and reliable. Maximizing our value of quick and low cost minimizes our ability to provide secure and high-quality information and the reverse is true also. Thus, the designers of information technologies are constantly faced with making uncomfortable compromises.[76]

75 Tradução livre: "Como protegemos a liberdade quando as arquiteturas de controle são gerenciadas tanto pelo governo quanto pelo setor privado? Como garantimos a privacidade quando o éter espia perpetuamente? Como garantimos o pensamento livre quando o impulso é apropriar-se de cada ideia? Como garantimos a autodeterminação quando as arquiteturas de controle são perpetuamente determinadas em outro lugar?". LESSIG, L. **Code version 2.0.** Edição eletrônica. New York: Basic Books, 2006. Disponível em: http://codev2.cc/. Acesso em: 22 jun. 2019.

76 Tradução livre: "Várias das questões levantadas acima resultam do paradoxo moral das tecnologias da informação. Muitos usuários desejam que as informações sejam rapidamente acessíveis e fáceis de usar e desejam que elas tenham o menor custo possível, preferencialmente gratuitas. Mas os usuários também querem que as informações importantes e confidenciais sejam seguras, estáveis e confiáveis. Maximizar nosso valor de custo rápido e baixo minimiza nossa capacidade de fornecer informações seguras e de alta qualidade e o inverso também é verdadeiro. Assim, os projetistas de tecnologias da informação são constantemente confrontados com compromissos desconfortáveis". SULLINS, J. Information Technology and Moral Values. **The Stanford Encyclopedia of Philosophy**. Winter 2018 Edition. 2012. Disponível em: https://plato.stanford.edu/archives/win2018/entries/it-moral-values/. Acesso em: 28 fev. 2019.

As iniciativas legislativas de que tratam este capítulo não se encontram em isolamento. Elas fazem parte de uma tendência global de conscientização acerca da importância e da complexidade da questão da regulamentação da Inteligência Artificial. Em agosto de 2021, a China lançou um projeto regulatório, considerado o mais completo conjunto de normas já estabelecido para a implementação de algoritmos de recomendação em todo o mundo.[77]

O *National Institute of Standards and Technology* (NIST), que foi designado pela administração do ex-presidente dos Estados Unidos, Donald Trump, para criar padrões e medidas para inteligência artificial, emitiu um relatório em junho de 2021 sobre a identificação e gestão de viés na tecnologia inteligente. Anteriormente, em 2019, a Oficina de Política de Ciência e Tecnologia da Casa Branca publicou o "*Guidance for Regulation of Artificial Intelligence Applications*".[78]

E em fevereiro de 2022, a Comissão Europeia disponibilizou o *Data Act*, estratégia para dados alinhada com a estratégia de transformação digital do continente (para 2030) que se propõe a garantir equidade e justiça na alocação do valor dos dados, empoderando, inclusive, o titular[79] – o que é um *statement*

77 CHINA BRIEFING. **Recommendation Algorithm Regulations** – Bolstering China's Cybersecurity Regime. 2022. Disponível em: https://www.china-briefing.com/news/recommendation-algorithm-regulations-china-cybersecurity-regime/. Acesso em: 31 out. 2021.

78 WHITE HOUSE'S OFFICE OF SCIENCE AND TECHNOLOGY. **Draft for Guidance for Regulation of Artificial Intelligence Applications.** 2019. Disponível em: https://www.whitehouse.gov/wp-content/uploads/2020/01/Draft-OMB-Memo-on-Regulation-of-AI-1-7-19.pdf. Acesso em: 31 out. 2021.

79 COMISSÃO EUROPEIA. **Data Act.** 2022. Disponível em: https://ec.europa.eu/commission/presscorner/detail/en/ip_22_1113. Acesso em: 23 fev. 2022.

poderoso em meio à regulação da IA, literalmente alimentada por *big data*.

Em resumo, não é o objetivo desta obra examinar ou mesmo listar todas as iniciativas, projetos e modelos relacionados a regulamentação de IA.[80]. É importante ter em mente que o panorama mundial de regulamentação de IA ainda não está estabelecido ou definido, e há incertezas e divergências que precisam ser superadas.

É crucial levar em consideração que uma abordagem ética (baseada em princípios, valores e moral) pode fornecer diretrizes para esta realidade pouco regulamentada, na qual diferentes modelos de regulamentação pseudo-regulatória, normativos e técnicas, como autorregulação e autorregulação regulamentada, coexistem.

Como abordado anteriormente, a regulamentação autorregulada representa uma solução potencial para lidar com a complexidade das dinâmicas sociais devido à sua capacidade teórica de equilibrar o avanço exponencial da tecnologia com os interesses públicos e os requisitos regulatórios relevantes.[81]

Trazendo para o debate um modelo diferente de governo – em contraposição ao ocidental –, é pertinente mencionar as conclusões de Bingchun Meng, acadêmica atuante nas áreas de mídia e comunicação. Meng explica que, da perspectiva do Estado chinês, a decisão a respeito da normatização ou regula-

80 Conforme antecipadamente explicado na introdução do presente trabalho.

81 ABBOUD, G.; CAMPOS, R. A autorregulação regulada como modelo do Direito proceduralizado: Regulações de redes sociais e proceduralização. *In*: ABBOUD, Georges; NERY JÚNIOR, Nelson; CAMPOS, Ricardo. **Fake news e regulação**. São Paulo: Thomson Reuters. 2020. p. 121-141.

mentação da tecnologia se realiza em diferentes níveis. De um lado, é preciso se posicionar internacionalmente, e, nesse ponto, interessa ao Estado ser visto como soberano e respeitado por sua força. Quer dizer, trata-se da percepção que o governo tem da percepção que outros governos têm dele. Para assertar a soberania, o Estado entende que precisa demonstrar total controle da tecnologia e dos dados, portanto da infraestrutura envolvida. De outro lado, no viés doméstico, o governo entende que deve ser visto como um chefe de família benevolente e que observa sua obrigação moral de cuidar da população. Isso dentro de um legado socialista que simboliza a promessa de trazer prosperidade e igualdade, mas enquadrado em um partido que preside uma economia com relevante componente de mercado e capital. Para superar tal "inconsistência ideológica", o Estado recorre à mídia e a uma estratégia de desviar-se de debates ideológicos.[82]

Meng explica que a tecnologia não era inicialmente vista pelo governo chinês, durante a Era Mao, como ferramenta neutra e objetiva. A pesquisadora acredita que, com a transição para a economia de mercado, a tecnologia passou a ser vista como instrumento de desenvolvimento e prosperidade. Mesmo assim, trata-se de um projeto direcionado *top-down* pelo Estado, que, uma vez iniciado, passou a sofrer interferência da iniciativa privada, no que se tornou uma constante negociação.[83]

82 VRENDERBURGH, K.; MENG, B. Module 1 Unit 1 Lesson Podcast 1 Part 2 Transcript. London School of Economics and Political Science (LSE). **Ethics of AI (course).** Badge de conclusão. 2021. Disponível em: https://lse.credential.getsmarter.com/6671dc86-132f-42a8-90f4-debf355b3f57#gs.exzjz5. Acesso em: 29 out. 2021.

83 *Ibidem.*

Importa ter em mente que a democracia é um sistema de governo no qual processos normativos e de implementação de regras passam por uma série de *checks and balances*, de escrutínio e debate público, o que, em contrapartida à participação social necessária e imprescindível, implica inevitável morosidade.

> So, political Community is made up of people with very different religious, political, and social altitudes. How do we make decision together in a way that will be acceptable to everyone? This is the hard problem of politics, and it´s often taken as just kind of obvious that democracy is the best way to do this, to reconcile all these very different groups of people.[84]

Daí por que, se verá a partir de agora, a preocupação no Brasil com o trâmite acelerado e imediatista do Marco Civil da Inteligência Artificial no país.

2.9. IA no panorama regulatório brasileiro

Nos últimos anos, houve um aumento na preocupação com os efeitos negativos da inteligência artificial, à medida que a tecnologia avança e as promessas se tornam realidade. Estudiosos

84 Tradução livre: "Assim, a comunidade política é composta por pessoas com diferentes níveis religiosos, políticos e sociais. Como tomamos decisões juntos de uma forma que seja aceitável para todos? Este é o problema difícil da política, e muitas vezes é tomado como óbvio que a democracia é a melhor maneira de fazer isso, para reconciliar todos esses grupos tão diferentes de pessoas". VRENDERBURGH, K. Democracy. Module 1 Unit 1 Lesson Video 1 Transcript. London School of Economics and Political Science (LSE). **Ethics of AI** (course). Badge de conclusão. 2021. Disponível em: https://lse.credential.getsmarter.com/6671dc86-132f-42a8-90f4-debf355b3f57#gs.exzjz5. Acesso em: 29 out. 2021.

em todo o mundo estão questionando os riscos da IA e o que pode ser feito para lidar com eles. O mesmo ocorre no Brasil.

2.9.1. Estratégia Brasileira de Inteligência Artificial

Com o objetivo de abordar essa preocupação, em julho de 2021, o Ministério da Ciência, Tecnologia e Inovações lançou a Estratégia Brasileira de Inteligência Artificial (EBIA). Este documento faz parte de uma estratégia nacional que visa direcionar as ações do Estado na área de inteligência artificial: "*em prol do desenvolvimento das ações, em suas várias vertentes, que estimulem a pesquisa, inovação e desenvolvimento de soluções em Inteligência Artificial, bem como, seu uso consciente, ético e em prol de um futuro melhor*".[85]

A Estratégia Brasileira de Inteligência Artificial (EBIA) aborda vários assuntos relevantes relacionados ao tema, deixando claro que o governo brasileiro está preocupado com a aplicação prática da Inteligência Artificial. Ela destaca possíveis áreas onde a tecnologia pode ser usada, incluindo, mas não se limitando, a indústria, alimentação, educação, segurança, finanças, construção, energia, logística, mídia, varejo, tecnologia da informação, saúde, agronegócios e gestão empresarial. A EBIA funciona mais como um diagnóstico do que qualquer outra coisa, fornecendo várias ações estratégicas baseadas nele.[86]

---

85 BRASIL. Ministério da Ciência, Tecnologia e Inovações. **Estratégia Brasileira de inteligência artificial – EBIA.** [s. d.]. Disponível em: https://www.gov.br/mcti/pt-br/acompanhe-o-mcti/transformacaodigital/inteligencia-artificial. Acesso em: 20 de jan. 2022.

86 *Ibidem.*

O documento apresenta uma atenção apropriada à responsabilidade e à responsabilização (*accountability*) e se concentra na avaliação da governança da inteligência artificial, destacando, desde o início, a necessidade de uso ético da IA:

> Em relação aos processos de revisão ética, muitas organizações já têm ou estão considerando a criação de conselhos de revisão de dados ou comitês de ética em relação à IA, que podem ser internos ou externos a tais organizações. Essa é vista como uma maneira de impulsionar accountability dentro das corporações, promover tomadas de decisões responsáveis e garantir que novas utilizações de dados respeitem os valores corporativos e sociais.[87]

O documento destaca a importância do debate sobre ética e a proteção de dados pessoais na área da inteligência artificial, cita a LGPD e sugere o uso de sandboxes como uma forma de mitigar os riscos. A seção aborda o cenário regulatório brasileiro de IA em uma perspectiva ampla, considerando a regulamentação como um todo. O trabalho investiga a hipótese de que, na proteção de dados pessoais, existe regulamentação suficiente para a implementação de soluções, produtos e serviços que usam a IA.

Um dos desafios críticos na regulamentação da inteligência artificial é a determinação do modelo regulatório e da pretensão regulatória. A pretensão regulatória se refere à abrangência e ao nível de detalhamento da regulamentação. Além disso, é crucial escolher uma linha regulatória, como, por exemplo, uma abordagem baseada em análise de risco.

87 *Ibidem*, p. 23.

É importante destacar que existem atualmente projetos de regulamentação da IA em andamento tanto no Brasil quanto na Europa, ambos com abordagens baseadas em análise de risco. Entretanto, enquanto o projeto europeu é resultado de anos de debates amplos e ainda em evolução, o projeto brasileiro é consideravelmente mais curto e já foi aprovado pelo Plenário da Câmara Federal, estando agora pendente de análise pelo Senado. Foi o caso do projeto de lei brasileiro PL n. 21/2020, que foi aprovado após uma série de emendas pela Câmara e pende de avaliação pelo Senado na forma de texto substitutivo.

2.9.2. O Projeto de Lei n. 20/2021

O projeto brasileiro de regulação da IA consiste no Projeto de Lei n. 21, de 2020, de autoria do Deputado Federal Eduardo Bismarck (PDT/CE), ao qual estão apensados os PLs 240/2020, de autoria do Deputado Federal Léo Moraes (PODE/RO); 4120/2020, de autoria do Deputado Federal Bosco Costa (PL/SE); e 1969/2021, de autoria do Deputado Federal Gustavo Fruet (PDT/PR). A relatoria do projeto ficou sob responsabilidade da Deputada Federal Luísa Canziani (PTB/PR).

O texto, com seus apensos e emendas, foi submetido a três audiências públicas nos dias 7 de julho, 8 de agosto e 21 de agosto de 2021, respectivamente. A Deputada Federal Luísa Canziani (PTB/PR) redigiu relatório no qual sintetiza os participantes dos encontros e suas principais contribuições ao debate antes de apresentar texto substitutivo ao projeto de lei no dia 1º de setembro de 2021.[88]

88 CÂMARA FEDERAL. **Parecer de Plenário pelas Comissões de Ciência e Tecnologia, Comunicação e Informática, Trabalho, de Administração**

Ao original e ao substitutivo aprovado pela Câmara dos Deputados, seguiram-se diversas notas técnicas e manifestações independentes, apresentadas por estudiosos e profissionais com atuação na área. Uma insurgência é comum a todos os que se manifestaram, considerada a importância e a repercussão da futura norma: o trâmite em regime de urgência.

De fato, a maioria dos documentos supramencionados foi redigida em consideração ao texto inicial do projeto, o que dificulta a análise de pertinência do texto vigente. Frise-se que algumas das alterações ao texto original se propuseram justamente a solucionar críticas como as entabuladas nas notas técnicas divulgadas, o que se verifica da leitura do relatório da Deputada Federal Luísa Canziani (PTB/PR),[89] que, além de mencionar alguns desses pontos, enfrenta comentários surgidos nas audiências públicas das quais participaram alguns dos signatários desses documentos.[90]

e Serviço Público e Constituição e Justiça e de Cidadania ao Projeto de Lei n. 21, de 2020. 2021. Disponível em: https://www.camara.leg.br/proposicoesWeb/prop_mostrarintegra?codteor=2068016&filename=Tramitacao-PL+21/2020. Acesso em: 20 jan. 2022.

89 *Ibidem.*

90 Como Fabiano Hartmann (Nota de Colaboração: substitutivo ao Projeto de Lei n. 21/2020, Disponível em: https://drive.google.com/file/d/16m-1FVCQYHnv4E2ZueCoXEGUaJ8zzAyNX/view. Acesso em: 26 jan. 2022); Rony Vainzof (Proposta para aperfeiçoamento do Substitutivo ao PL 21/20 por Juliano Maranhão, Rony Vainzof, Renato Opice Blum, Ricardo Campos, Giovana Lopes e Samuel de Oliveira. Disponível em: https://www.conjur.com.br/dl/proposta-aperfeicoamento-substitutivo.pdf. Acesso em: 26 jan. 2022), e Bruno Bioni. (Nota Técnica: contribuições do Data Privacy Brasil ao Projeto de Lei n. 21, de 4 de fevereiro de 2020. Disponível em: https://www.dataprivacybr.org/wp-content/uploads/2021/09/dpbr_notatecnica_pl21.pdf. Acesso em: 26 jan. 2022).

À parte de escolhas semânticas, verifica-se que a maioria das críticas gira em torno de o projeto de lei ter adotado uma abordagem ampla, a ser robustecida por regulamentos setoriais ou leis específicas (em razão da matéria – como a LGPD já faz, o que se verá a seguir). Com efeito, na contramão do que pode ser visto como uma tendência, adota-se aqui o entendimento de que o teor do PL n. 21/2020 é satisfatório, porque cumpre aquilo a que se propõe, nas palavras de sua relatora: "Por isso, buscamos construir uma lei principiológica, que fomente o uso da tecnologia e tenha em mente que no centro desse debate estão as pessoas".[91]

Feitas essas considerações, convém ressalvar dois pontos.

Em primeiro lugar, o inciso VI do art. 6º do PL n. 21/2020 prevê que as normas de responsabilidade dos participantes na cadeia de desenvolvimento e operação de sistemas de inteligência artificial devem seguir a responsabilidade subjetiva, exceto em casos específicos. No entanto, alguns estudiosos questionam essa previsão, pois acreditam que ela impede a possibilidade de responsabilização objetiva no que diz respeito à inteligência artificial. É importante lembrar que a responsabilidade subjetiva é a regra geral no Brasil e que a lei permite exceções específicas. Uma regra geral de responsabilidade objetiva pode mudar a lógica material prevalecente na legislação brasileira

91 BRASIL. Câmara Federal. **Parecer de Plenário pelas Comissões de Ciência e Tecnologia, Comunicação e Informática, Trabalho, de Administração e Serviço Público e Constituição e Justiça e de Cidadania ao Projeto de Lei n. 21, de 2020**. 2021. Disponível em: https://www.camara.leg.br/proposicoesWeb/prop_mostrarintegra?codteor=2068016&filename=Tramitacao-PL+21/2020. Acesso em: 20 jan. 2022.

e ir contra o objetivo de fomentar o desenvolvimento e a evolução tecnológica.

Por outro lado, existe uma abordagem intermediária, que consiste em não tratar diretamente do assunto na lei, deixando-o para o atual ordenamento jurídico. A percepção é que, ao incluir a regra no projeto de lei, o legislador está expressando claramente a intenção de favorecer o desenvolvimento tecnológico e prevenir o surgimento de uma indústria de danos morais.

Em resumo, houve dois debates divergentes sobre a previsão do art. 6º, inciso VI, do Projeto de Lei n. 21/2020, que trata da responsabilidade dos agentes na cadeia de desenvolvimento e operação de sistemas de inteligência artificial. Em outubro de 2021, civilistas de renome assinaram uma carta publicada no site Consultor Jurídico (Conjur) em oposição a essa previsão, argumentando que ela contradiz o entendimento construído na doutrina jurídica e em estudos e propostas nacionais e internacionais sobre o assunto [92].

Em fevereiro de 2022, o Conjur publicou um novo texto, assinado por renomados juristas na área de tecnologia, que apoiava o teor do artigo:

> [...] harmoniza-se com o ordenamento brasileiro, que se pauta pela responsabilidade civil subjetiva (...) segue propostas internacionais, que se baseiam na responsividade subjetiva em geral e atribuem responsabilidade objetiva apenas para sistemas de IA cujo emprego envolva ati-

92 CONJUR. **Especialistas criticam responsabilidade subjetiva prevista no PL do marco da IA.** 2021. Disponível em: https://www.conjur.com.br/2021-out-27/especialistas-questionam-artigo-pl-marco-legal-ia. Acesso em: 24 fev. 2022.

> vidade de alto risco, como, por exemplo, a proposta do Parlamento Europeu de outubro de 2020, que propõe a criação de um regime de responsabilidade civil para a inteligência artificial.[93]

Em segundo lugar, existem várias questões sobre a falta de previsão de sanções no texto do futuro Marco Civil da Inteligência Artificial. A preocupação com esse ponto pode ter sido causada pela comparação com a Lei Federal n. 12.965/2014 (Marco Civil da Internet),[94] que estabelece sanções para casos de descumprimento de proteção e guarda dispostos nos arts. 10 e 11. No entanto, é importante lembrar que o legislador pode fazer escolhas diferentes em momentos diferentes e que o texto pode ser alterado no Senado para incluir penalidades. [95]

Além disso, a ausência de previsão de sanções pode ser devido à expectativa de que a regulamentação setorial estabe-

93 CONJUR. **Marco Legal da Inteligência Artificial: ponderações sobre a responsabilidade civil.** 2022. Disponível em: https://www.conjur.com.br/2022-fev-22/opiniao-marco-inteligencia-artificial-responsabilidade-civil. Acesso em: 24 fev. 2022.

94 BRASIL. **Lei Federal n. 12.965**, de 23 de abril de 2014. Estabelece princípios, garantias, direitos e deveres para o uso da Internet no Brasil. Disponível em: http://www.planalto.gov.br/ccivil_03/_ato2011-2014/2014/lei/l12965.htm. Acesso em: 23 jan. 2022.

95 Quanto ao ponto, é relevante destacar uma escolha subliminar do legislador. As sanções previstas no Marco Civil da Internet são para aplicação judicial. É uma hipótese. Mas, em se tratando de eleição setorial de sanções, viabiliza-se a aplicação de sanções por agências reguladoras ou autoridades setoriais, como é o caso das sanções do art. 52 da LGPD. No caso da IA, faz mais sentido que as sanções sejam setoriais em razão da grande amplitude de aplicação da IA. Por exemplo, pensando em regulação de conteúdo, pode fazer sentido aplicar multa de suspensão ou financeira; já na hipótese de uma IA de aplicação pelo poder público, a suspensão pode não ser uma opção e mesmo a aplicação de multa pode ser ineficiente.

leça sanções diferentes, de acordo com a natureza e os riscos envolvidos. É importante lembrar que a inteligência artificial pode ser aplicada em situações muito diferentes, desde a seleção de estágios até a aterrissagem de aeronaves comerciais ou a organização logística da circulação de armas e alimentos. Portanto, uma regra básica, como aquela utilizada pelo Marco Civil da Internet, pode ser ineficaz ou excessiva em contextos tão diferentes.

O ponto, confessado pela redação atual do projeto, é que seria virtualmente impossível regulamentar a IA sem discordâncias. Diz-se até que a existência de vozes dissidentes é saudável em qualquer debate e que há mais preocupação com a convergência incondicional do que com uma discussão fundamentada. O projeto de lei, na verdade, é definido por escolhas importantes, algumas das quais destacadas expressamente por sua relatora, como a opção por "*orientar a futura atividade regulatória nesse campo, de modo a não inibir o desenvolvimento tecnológico, mas resguardando os cidadãos brasileiros de eventuais riscos*".[96]

O documento mencionado destaca uma oposição clara ao projeto regulatório europeu, apesar de o utilizar como referência. A oposição se dá porque o projeto deixa a cargo da regulação setorial a decisão sobre proibições absolutas para priorizar o desenvolvimento tecnológico, mesmo com uma abordagem de gestão de riscos.

O modelo regulatório escolhido tem características liberais e progressivas, com forte viés axiológico, e algumas críticas

96 *Ibidem.*

ao projeto de lei se explicam pela simples rejeição desse modelo. Por isso, mesmo que algumas alterações sejam feitas, o resultado não seria tecnicamente a melhora do texto, mas sim a transformação total do sistema escolhido pelo legislador.

A estudiosa Laura Schertel Mendes escreveu um artigo no jornal O Globo, chamado *Projeto de Lei da Inteligência Artificial: armadilhas à vista* [97], onde destaca a amplitude conceitual do texto do projeto de lei e sua adesão ao sistema de responsabilização subjetiva como regra. Mendes questiona qual tipo de lei o país pretende adotar para a inteligência artificial e deixa claro que sua visão pessoal é a preferência por um modelo mais abrangente:

> Há uma crise de identidade que aparenta rondar o PL n. 21/2020: queremos aprovar uma carta de intenções e princípios genérica ou uma regulação robusta sobre segurança e mitigação de riscos no desenvolvimento da inteligência Artificial? e o caminho escolhido for o primeiro, o processo legislativo é dispensável, não se podendo, ademais, restringir ou revogar direitos amplamente reconhecidos e respaldados na Constituição Federal. Se o caminho eleito for o segundo, precisaremos de estudos e debates aprofundados e plurais, que possam endereçar a complexidade do desafio que está à nossa frente: o desafio de estimular a inovação e incentivar o desenvolvimento da inteligência artificial de forma responsável e segura, ga-

97 MENDES, L. S. Projeto de Lei da Inteligência Artificial: armadilhas à vista. **O Globo**. 26 de novembro de 2021. Disponível em: https://blogs-oglobo-globo-com.cdn.ampproject.org/c/s/blogs.oglobo.globo.com/fumus-boni-iuris/post/amp/laura-schertel-mendes-pl-da-inteligencia-artificial-armadilhas-vista.html. Acesso em: 30 jan. 2022.

> rantindo – por meio de medidas concretas e efetivas – os direitos fundamentais de todos os cidadãos brasileiros.[98]

O texto sugere que o Projeto de Lei n. 21/2020 (PL) para a regulamentação da Inteligência Artificial (IA) no Brasil não é produto de uma falha técnica, mas uma escolha deliberada do legislador brasileiro de seguir um caminho diferente daquele adotado por outras regiões no mundo, como a Europa, na proteção de dados.

Embora muitos juristas e acadêmicos esperassem que o PL seguisse o modelo internacional, o Brasil inicialmente optou por uma abordagem baseada em princípios, ao invés de regulamentação mais detalhada.

Se os críticos estivessem dispostos a apreciar o PL com base na escolha metodológica (principiológica) feita naquele momento, poderiam ter se concentrado, efetivamente, nos problemas e dilemas da regulamentação da IA inerentes a uma "carta de princípios".

O que se observou – inclusive no substitutivo recém aprovado pelo Senado (que foge à janela temporal adotada na metodologia deste estudo) – é que a comunidade acadêmica e científica, em sua maioria, aplicou à proposta principiológica parâmetros e expectativas próprias de uma "regulaçao robusta".[99] Como resultado, têm-se atualmente como texto substitutivo uma proposta que é diferente não apenas no conteúdo, mas na essência.

98 *Ibidem.*

99 *Ibidem.*

Quanto ao debate acerca do modelo da regulação brasileira, fica a percepção de que todos teriam a ganhar se, constada a existência de um modelo regulatório eleito pela Câmara dos Deputados, os especialistas se concentrassem em aprimorá-lo e fazê-lo eficiente em vez de se restringir a um inconformismo genérico sobre os ideais frustrados decorrentes da não eleição de outros modelos regulatórios.

2.9.3. A regulação da IA a partir das regras constitucionais e infraconstitucionais de proteção da privacidade e dos dados pessoais

Em termos acadêmicos, a leitura da legislação vigente de forma sistêmica, especialmente quando realizada sob uma perspectiva ético-focada, leva à conclusão de que a proteção da privacidade e dos dados pessoais tem implicações na regulação direta e indireta do uso da Inteligência Artificial nas situações em que estes direitos estão envolvidos.

Algumas vezes, a menção expressa a este aspecto pode ser encontrada, como é o caso do art. 20 da LGPD, que garante ao titular o direito de revisar decisões tomadas unicamente com base em processamento automatizado de dados. No entanto, como evidenciado no capítulo anterior, o desenvolvimento de um sistema de IA começa com a análise de um cenário no qual é possível prever com certeza o envolvimento e as consequências do uso do programa sobre os indivíduos, e onde os impactos nos direitos fundamentais dos titulares são mínimos.

Há, assim, uma obrigação ética de conformidade com a legislação. Além disso, o art. 4 do PL n. 21/2020 explicitamente menciona a igualdade, a não discriminação, a privacidade e a proteção de dados como fundamentos para o uso da IA. Não é por acaso que profissionais com destacada atuação na proteção de dados têm escrito sobre o tema como sendo uma "porta de entrada" para a regulação da IA.[100].

É essa a hipótese que o capítulo seguinte se propõe a investigar e, ao final, confirmar ou não.

100 BIONI, B.; LUCIANO, M. **O princípio da precaução na regulação da inteligência artificial:** seriam as leis de proteção de dados o seu portal de entrada? [s. d.]. Disponível em: https://brunobioni.com.br/home/wp-content/uploads/2019/09/Bioni-Luciano_O-PRINCI%CC%81PIO-DA-PRECAUC%CC%A7A%CC%83O-PARA-REGULAC%CC%A7A%CC%83O-DE-INTELIGE%CC%82NCIA-ARTIFICIAL-1.pdf. Acesso em: 20 jan. 2022.

3

A PROTEÇÃO DE DADOS COMO MECANISMO REGULATÓRIO ÉTICO PARA A INTELIGÊNCIA ARTIFICIAL

> Cogito, ergo sum.[1]
>
> Art. 4º O uso da inteligência artificial no Brasil tem como fundamentos: [...] III - o respeito aos direitos humanos e aos valores democráticos; IV - a igualdade, a não discriminação, a pluralidade e o respeito aos direitos trabalhistas; e V - a privacidade e a proteção de dados.[2]

Uma das funções precípuas da Constituição é a defesa de direitos, garantias e liberdades fundamentais individuais, que, a seu turno, estão expressivamente relacionados com o desenvolvimento e são comumente impactados pelas tantas possibilidades de aplicação da tecnologia. Os algoritmos, em particular, atualmente não são apenas adjetivo de definição da sociedade (sociedade *algorítmica*, sociedade *de dados*), como também impactam de modo relevante diversos aspectos da vida do cidadão, desde sua autoestima até questões de saúde, emprego, relacionamento interpessoal, habitação, finanças etc.

---

1 DESCARTES, R. **Discurso sobre o método**, 1637.

2 Marco Civil da Internet.

Com efeito, está estabelecido a esta altura que são diversos os mecanismos tecnológicos passíveis de utilização com o fito de influenciar, manipular ou intervir diretamente na vida humana, e é por essa razão, dentre outras, que a tecnologia tem se tornado objeto central de debate ético e indagação moral. As implicações de direito, inclusive de índole constitucional, são uma consequência inevitável do momento histórico vivido.

Em um sistema de *score*, por exemplo, de que modo são preservados direitos como a dignidade?[3] A partir de uma perspectiva de categorização automática das pessoas, o que esperar da privacidade e da preservação do valor individual dos avaliados? Como garantir a proteção aos dados pessoais processados freneticamente para atendimento de interesses corporativos e governamentais, não raro em detrimento do bem-estar e do conhecimento ou consentimento dos titulares?

Fato é que não se ultrapassou o contexto temporal e espacial no qual as dúvidas são mais numerosas e intrigantes do que as respostas. E se os modelos de predição comportamental somados aos mecanismos de filtragem de conteúdo são controlados por players privados sujeitos à uma suposta autorregulação. ainda assim, não há uma fórmula que "conserte" o

3 "As a consequence, several scholars and policymakers are arguing, on the one hand, to aggressively regulate tech firms (since classic antitrust law is unfit for this purpose) or, on the other, to require procedural safeguards, allowing people to challenge the decisions of algorithms which can have significant consequences on their lives (such as credit score systems". SIMONCINI, A.; LONGO, E. **Fundamental Rights and the Rule of Law in the Algorithmic Society.** Constitutional Challenges in the Algorithmic Society. Cambridge: Cambridge University Press. 2021. Disponível em: https://www.cambridge.org/core/books/constitutional-challenges-in-the-algorithmic-society/831B39F76C7870B330052D852D598F98#fndtn-contents. Acesso em: 27 jan. 2022.

problema da falta de estrutura do Estado para a menor fiscalização – ou regulação.

A liberdade de expressão se torna um conceito nebuloso quando é o caso de indagar-se até que ponto alienar-se é uma escolha humana. E em que momento a alienação se torna uma violência que convida a intervenção estatal.

Como destacado no capítulo 1 deste trabalho, uma das dificuldades mais prementes no debate ético e jurídico sobre tecnologia se concentra na inescapável constatação de que não existem respostas certas e universais ou, se existem, são pouco numerosas e relativas (instáveis). Diferentes sociedades com variadas culturas, modelos de governo e de organização diversos vão chegar a conclusões distintas e assimétricas a respeito dos limites da intervenção estatal e até da sua necessidade.

Mesmo assim, o desenvolvimento e a aplicação da IA não são, como supõem alguns, terra de ninguém. No âmbito da proteção de dados, já existem e estão em vigor normas constitucionais e infraconstitucionais que estabelecem direitos e deveres claros sobre o que esperar, como proceder – ou como não proceder.

Com efeito, o direito à proteção de dados teve seu *status* elevado a direito fundamental com a recente promulgação, em 11 de fevereiro de 2022, da Emenda Constitucional n. 115, que adicionou o inciso LXXIX ao art. 5º da Constituição Federal.[4]

4 Art. 5º Todos são iguais perante a lei, sem distinção de qualquer natureza, garantindo-se aos brasileiros e aos estrangeiros residentes no País a inviolabilidade do direito à vida, à liberdade, à igualdade, à segurança e à propriedade, nos termos seguintes: [...] LXXIX – é assegurado, nos termos da lei, o direito à proteção dos dados pessoais, inclusive nos meios digitais.

Mesmo antes disso, como corolário prático da privacidade e ferramenta de proteção à dignidade, não são de hoje as regras e garantias individuais que precisam ser observadas pelo programador ou executor de IA, independentemente de regulamentação ampla (marco civil) ou setorial.

O presente capítulo se propõe a demonstrar que, do ponto de vista ético, é preciso aquiescer a regulação da IA no âmbito da proteção de dados pessoais.

3.1. A Constituição, a privacidade e a proteção de dados

Historicamente, o constitucionalismo tem se adaptado ao poder, e a proteção constitucional às liberdades e garantias individuais tem sido delineada conforme a evolução das possibilidades de ameaça a esses direitos. A chegada do século XXI e o desenvolvimento exponencial de novas tecnologias se apresenta, neste panorama, como uma possibilidade de aprimoramento da existência humana, ao mesmo tempo em que revela, como outra face dessa moeda, uma ameaça sem precedentes à liberdade, mais impressionante por se tratar de fenômeno global.[5]

O poderio tecnológico, aliás, está por trás da origem do que Frank Pasquale chama de "capitalismo de plataforma",[6] que

5 SIMONCINI, A.; LONGO, E. **Fundamental Rights and the Rule of Law in the Algorithmic Society.** Constitutional Challenges in the Algorithmic Society. Cambridge: Cambridge University Press. 2021. Disponível em: https://www.cambridge.org/core/books/constitutional-challenges-in-the-algorithmic-society/831B39F76C7870B330052D852D598F98#fndtn-contents. Acesso em: 27 jan. 2022.

6 PASQUALE, F. *apud* SIMONCINI, A.; LONGO, E. **Fundamental Rights and the Rule of Law in the Algorithmic Society.** Constitutional Challenges in the Algorithmic Society. Cambridge: Cambridge University Press. 2021.

consiste em uma transformação econômica ampla resultante do crescimento rápido de mercados para venda de produtos e serviços da internet, como aparelhos, buscadores *on-line*, redes sociais, armazenamento em nuvem, *e-commerce*, plataformas de comunicação. Simoncini e Longo afirmam que o valor combinado das cinco empresas com maior índice S&P 500,[7] equivale a sete trilhões de dólares e corresponde a cerca de 25% da capitalização do mercado, representando exatamente a definição de moligopólio de que trata Nicolas Petit em *Big Tech and the Digital Economy: The Moligopoly Scenario.*[8]

Segundo Petit, os moligopolistas criam comunidades nas quais desenvolvem uma autoridade política *de facto*, com influência real, o que antes seria prerrogativa do Estado e das autoridades públicas.[9] Essa seria uma mudança fundamental nas democracias ocidentais, o que Pasquale chama de "soberania funcional":[10]

Disponível em: https://www.cambridge.org/core/books/constitutional-challenges-in-the-algorithmic-society/831B39F76C7870B330052D852D598F98#fndtn-contents. Acesso em: 27 jan. 2022.

7 Sigla de Standard & Poor's 500, indicador financeiro do mercado de ações americano.

8 PETIT, M. *apud* SIMONCINI, A.; LONGO, E. **Fundamental Rights and the Rule of Law in the Algorithmic Society.** Constitutional Challenges in the Algorithmic Society. Cambridge: Cambridge University Press. 2021. Disponível em: https://www.cambridge.org/core/books/constitutional-challenges-in-the-algorithmic-society/831B39F76C7870B330052D852D598F98#fndtn-contents. Acesso em: 27 jan. 2022.

9 *Ibidem.*

10 PASQUALE, F. **From Territorial to Functional Sovereignty: The Case of Amazon**. 2018. Disponível em: https://www.opendemocracy.net/en/digitaliberties/from-territorial-to-functional-sovereignty-case-of-amazon/. Acesso em: 27 jan. 2022.

> For example: Who needs city housing regulators when AirBnB can use data-driven methods to effectively regulate room-letting, then house-letting, and eventually urban planning generally? Why not let Amazon have its own jurisdiction or charter city, or establish special judicial procedures for Foxconn? Some vanguardists of functional sovereignty believe online rating systems could replace state occupational licensure – so rather than having government boards credential workers, a platform like LinkedIn could collect star ratings on them.[11]

Nesse cenário, na medida em que os algoritmos (IA) assumem maior importância na arena da disputa pelo poder, torna-se indispensável conciliar soberania com garantias e liberdades constitucionais. Isso porque a IA não se apresenta ao indivíduo como ameaça externa, mas como conveniência, facilitadora que ajuda no processo de deliberação, reduzindo o esforço e a complexidade dele. Afinal,

---

11 Tradução livre: "Por exemplo: quem precisa de reguladores de habitação da cidade quando o AirBnB pode usar métodos baseados em dados para regular efetivamente o aluguel de quartos, depois o aluguel de casas e, eventualmente, o planejamento urbano em geral? Por que não deixar a Amazon ter sua própria jurisdição ou cidade charter, ou estabelecer procedimentos judiciais especiais para a Foxconn? Alguns vanguardistas da soberania funcional acreditam que os sistemas de classificação on-line podem substituir o licenciamento ocupacional estadual – então, em vez de ter funcionários credenciados em conselhos governamentais, uma plataforma como o LinkedIn poderia coletar classificações por estrelas sobre eles". PETIT, M. *apud* SIMONCINI, A.; LONGO, E. **Fundamental Rights and the Rule of Law in the Algorithmic Society.** Constitutional Challenges in the Algorithmic Society. Cambridge: Cambridge University Press. 2021. Disponível em: https://www.cambridge.org/core/books/constitutional-challenges-in-the-algorithmic-society/831B39F76C7870B330052D852D598F98#fndtn-contents. Acesso em: 27 jan. 2022.

> [...] who would like to switch back to searching for information in volumes of an encyclopaedia? Who would want to filter their email for spam manually anymore? Who would like to use manual calculators instead of a spreadsheet when doing complex calculations? We are not just living in an increasingly automated world; we are increasingly enjoying the many advantages that come with it. Public administrations are using more and more algorithms to help public-sector functions, such as welfare, the labour market, tax administration, justice, crime prevention, and more. The use of algorithms in decision-making and adjudications promises more objectivity and fewer costs.[12]

Acontece que reconhecer as mudanças que estão em curso – ou já implementadas – nos jogos de poder de interesse do Direito Constitucional não significa dizer que as garantias e liberdades individuais sob aparente ameaça careçam de ferramentas e recursos para sua proteção. Pelo contrário: a consciência de que garantias como a dignidade, a privacidade, a intimidade e a liberdade de expressão tenham sido impactadas com o advento da sociedade e da economia de dados leva à percepção de que estavam prontas para amadurecer.

Nessa linha, o presente trabalho espera esclarecer que, no âmbito da proteção à privacidade e aos dados pessoais, há mecanismos suficientes a resguardar ou, ao menos, embasar discussões robustas e informadas a respeito do relacionamento entre IA e direitos dos indivíduos, titulares de dados.

Retomando o que foi dito no início desta seção a respeito da capacidade histórica de adaptação da Constituição para

12 *Ibidem.*

a preservação de certos direitos, destaca-se que o Senado Federal aprovou, em outubro de 2021, a Proposta de Emenda à Constituição (PEC) n. 17, que promovia a proteção de dados pessoais a direito fundamental, ressalvando tratar-se de matéria de competência legislativa exclusiva da União.[13]

É pertinente destacar o valor simbólico da Emenda Constitucional n. 115 (anteriormente, PEC n. 17). Isso porque, independentemente de trazer, de forma expressa, a proteção aos dados pessoais, a Constituição Federal já garante a inviolabilidade da intimidade e da vida privada, da honra e da imagem das pessoas (art. 5º, X), bem como resguarda o sigilo da correspondência e das comunicações, de dados e comunicações telefônicas (art. 5º, XII) e determina que seja punida "*qualquer discriminação atentatória dos direitos e liberdades fundamentais*" (art. 5º, XLI).

Além disso, protege a liberdade de expressão e o direito à informação, e reserva à categoria de princípio fundamental a dignidade (art. 1º, III) e de objetivo fundamental da República a promoção do bem "*sem preconceitos de origem, raça, sexo, cor, idade e quaisquer outras formas de discriminação*" (art. 3º, IV). Sem mais, o art. 5º, LXXII, da Constituição Federal institui o remédio do *habeas data* para assegurar o conhecimento de informações da pessoa do impetrante, constantes de registros ou bancos de dados de entidades governamentais, de caráter

13 GOV.BR. **Senado Federal aprova proposta de Emenda à Constituição 17 (PEC 17/2019) que inclui a proteção de dados pessoais no rol de direitos e garantias fundamentais**. 2021. Disponível em: https://www.cambridge.org/core/books/constitutional-challenges-in-the-algorithmic-society/831B39F76C7870B330052D852D598F98#fndtn-contents. Acesso em: 27 jan. 2022.

público, ou para retificar dados – quando não se opte por fazê-lo via processo sigiloso, judicial ou administrativo.

Tais são os pilares do *data privacy* no Brasil (ou privacidade de dados, expressão que designa tanto a proteção à privacidade quanto aos dados pessoais), e a eles se somam regras infraconstitucionais, boas práticas, diretrizes e recomendações que são suficientes à regulação da IA em amplo espectro, porquanto suscetíveis de incidência no desenvolvimento e na aplicação de algoritmos que impactem, de modo direto ou indireto, os direitos dos indivíduos.

A promulgação da EC n. 115, nada obstante, está longe de ser banal. A Carta agora confere diretamente ao direito o *status* constitucional, relevante em qualquer cenário de ponderação. Além disso, eleva a moral do Brasil no cenário internacional, onde a tutela constitucional é pré-requisito ao reconhecimento da adequação normativa.

No que diz respeito ao desenvolvimento e à aplicação da IA, via de consequência, fortalece o argumento de que a proteção de dados (alinhamento valorativo) é atributo de uma IA ética.

3.2 O panorama da proteção de dados no Brasil: intercessão com a IA

Para compreender de que modo a IA se comunica com proteção de dados e privacidade, não é necessário adentrar uma discussão histórico-filosófica sobre esses conceitos; antes, é importante compreender que modernamente se tem concebido *privacy* como o direito de ser deixado em paz (*right to be left alone*), e proteção de dados como os instrumentos, ou recursos relevantes, na concretização desse direito.

É verdade que o estudo da privacidade, por si só, permite uma imersão muito mais profunda, e a adoção de uma linha conceitual simplista pode ser encarada com certa desconfiança. Mas é igualmente verdade que o vocabulário objetivo e direto da tecnologia possibilita uma visão pragmática do tema, até mesmo para viabilizar um direcionamento mais focado nas implicações práticas do que nas semânticas.

Fábio Ulhôa Coelho afirmou, em 2008, que "a privacidade acabou". Em entrevista à *Folha de S. Paulo*, o jurista indagava se a tecnologia não aproximaria as pessoas, e afirmava que o "*excessivo apego à privacidade pode nos conduzir a uma sociedade de falsos, patéticos avatares*".[14] Hoje se tem uma noção maior de que a tecnologia talvez tenha afastado mais as pessoas do que as aproximado, embora tenha facilitado o acesso entre elas e às informações. Essa seria a decorrência do desenvolvimento de uma sociedade de pessoas alienadas, tema a ser tratado adiante.

Mais de dez anos depois, em janeiro de 2022, Scott McNealy, fundador da Sun Microsystems, concedeu entrevista ao *Estadão*, reproduzida no *Portal Terra*· em que afirma que o poder do titular não depende da privacidade (ou da proteção de dados pessoais), mas da propriedade sobre suas informações ("*Seria maravilhoso nos cadastrarmos para dar nossos dados por um preço. Isso é poder para o consumidor*").[15] Mais

14 COELHO, F. U. Sabe aquilo que chamávamos de privacidade? **Folha de S. Paulo**. 21 de agosto de 2008. Disponível em: https://www1.folha.uol.com.br/fsp/opiniao/fz2108200808.htm. Acesso em: 29 jan. 2022.

15 GUERRA, G. 'Esqueça a privacidade e venda seus dados', diz ex-CEO da Sun Microsystems. **Terra**. Disponível em: https://www.terra.com.br/noticias/tecnologia/esqueca-a-privacidade-a-solucao-e-a-propriedade-de-da-

adiante, na entrevista, McNealy diz ao jornalista: "*Você não tem privacidade. E, agora, você tem que superar isso. Não sei como você pode existir no planeta sem que as pessoas tirem dados de você, porque tudo acontece de forma digital hoje*".[16]

Nesse cenário, é inevitável constatar uma grande transformação na própria concepção de privacidade. Spiros Simitis, por exemplo, explica uma mudança na ideia de privacidade a partir de três frentes distintas. Primeiro, porque deixou de ser um problema individual e se tornou coletivo; segundo, porque a vigilância, banalizada, se tornou uma realidade; terceiro, por causa dos mecanismos de manipulação e predição comportamental.[17]

Quando a Constituição Federal ressalvou o sigilo das comunicações privadas, o teor dessas interações, o que se buscava preservar era a liberdade do indivíduo de se expressar sabendo que o conteúdo da manifestação não seria observado, analisado e julgado por terceiros. O que se protege é a intimidade de uma comunicação na qual o interlocutor pode ser ele mesmo, ou agir com espontaneidade, porque não está preocupado com a publicização ou com as consequências de suas afirmações.

Basta pensar no que acontece hoje nas redes sociais para saber que uma maioria relevante das pessoas, especialmente entre as gerações mais jovens, perdeu a preocupação com a publicização de suas opiniões e rotinas ou, se não, o interesse em

dos,32a2a644d97d854fc5fef689dff43128od0r0ii2.html. 2022. Acesso em: 29 jan. 2022.

16 *Ibidem*.

17 SIMITIS, S. **Reviewing privacy in an information society**. 1987. Disponível em: https://scholarship.law.upenn.edu/cgi/viewcontent.cgi?article=3952&context=penn_law_review. Acesso em: 29 jan. 2022.

preservar a própria espontaneidade. A privacidade parece ter se convertido na reação ao julgamento de opiniões ou rotinas por terceiros.

Não há consenso a respeito da diferença entre privacidade e proteção de dados. Daí por que Danilo Doneda sustenta que a proteção de dados nasceu sob a égide da privacidade e evoluiu para assumir características próprias, justamente para se afinar com a nova realidade de que a privacidade se tornou uma preocupação coletiva.[18] Há, porém, a possibilidade de se entender que privacidade e autodeterminação informativa seriam sinônimos, embora pareça razoável pensar, ao menos do ponto de vista constitucional e legal, que a segunda seja uma das formas de expressão do direito do titular sobre seus dados pessoais.

Faz sentido lembrar, ainda sobre a autodeterminação, que desde a Constituição de 1988 se garante, por meio do *habeas data,* acesso a certas informações sob a guarda do poder público e sua retificação. A bem da verdade, a postulação nasce, segundo tem entendido o Superior Tribunal de Justiça desde 1989, com a negativa de fornecimento das informações solicitadas pela administração pública. Confira-se a ementa do já famoso *Habeas Data* n. 002:

> HABEAS DATA. AUSÊNCIA DE POSTULAÇÃO ADMINISTRATIVA. I- ANTE A AUSÊNCIA DE PLEITO ADMINISTRATIVO, SUFICIENTE A CONFIGURAR RELUTÂNCIA DA ADMINISTRAÇÃO A ATENDER O PEDIDO,

18 DONEDA, D. **Da privacidade à proteção de dados pessoais**. Rio de Janeiro: Renovar, 2006.

SOFRE O HABEAS DATA DE AUSÊNCIA DE INTERESSE DE AGIR. II- PEDIDO NÃO CONHECIDO.[19]

Nos autos do processo supra ementado, o Superior Tribunal de Justiça explicou que a lesão ao direito de obtenção de informação só é efetivamente configurada com a negativa de acesso por parte do agente responsável pela guarda. Esse tem sido o entendimento do Judiciário desde o julgamento do primeiro *habeas data* (HD n. 01) pelo Tribunal Federal de Recursos. O decidido se propagou nas decisões que se seguiram para estabelecer que competirá ao Judiciário, nos casos de negativa de acesso, avaliar o direito à revelação. A conclusão se consolidou com a edição da Súmula n. 02/STJ, aprovada pela Primeira Seção do Superior Tribunal de Justiça em maio de 1990, segundo a qual "Não cabe o *habeas data* (CF, art. 5º, LXXII, letra *a*) se não houve recusa de informações por parte da autoridade administrativa". A depuração conceitual entre privacidade e autodeterminação informativa, portanto, não é nova no nosso ordenamento jurídico. E, em nossa compreensão, deve ser mantida.

De outro lado, é preciso ver que a doutrina internacional explica a evolução da privacidade em saltos geracionais (ou

19 BRASIL. Superior Tribunal de Justiça. ***Habeas Data* n. 002.** *HABEAS DATA*. AUSÊNCIA DE POSTULAÇÃO ADMINISTRATIVA. I – Ante a ausência de pleito administrativo, suficiente a configurar relutância da administração a atender o pedido, sofre o Habeas Data de "ausência do interesse de agir. II – Pedido não conhecido. Rel. Min. Pedro Acioli. 8.8.1989. Publicação no *Diário da Justiça* de 4 de setembro de 1989. Disponível em: https://bdjur.stj.jus.br/jspui/bitstream/2011/112918/HD_2.pdf. Acesso em: 22 fev. 2022.

dimensionais).[20] Juliana Abrusio leciona que a primeira dimensão consiste na consolidação do conceito de proteção de dados vinculada à privacidade; a segunda dimensão marca o instante em que se passou a discutir sobre consentimento do titular; a terceira dimensão marca o momento em que o Tribunal Constitucional alemão declarou a inconstitucionalidade da Lei do Censo em 1983; a quarta dimensão, por fim, se caracteriza pelo surgimento de regras setoriais complementares às normas gerais de proteção de dados. Há uma expectativa, diz Abrusio, de que a quinta dimensão esteja atrelada à IA, uma vez que se tem observado o tratamento massivo de dados pessoais por meio de algoritmos.[21]

3.2.1. Repertório legal brasileiro de tratamento de dados pessoais

A Lei Federal n. 12.965, de 23 de abril de 2014, representa a instituição do Marco Civil da Internet (MCI) e a introdução do direito à proteção de dados pessoais como princípio para o uso da internet no Brasil (art. 3º, III), em adição à privacidade e à liberdade de expressão. Seguiu-a, dois anos depois, o Decreto n. 8.771, de 11 maio de 2016, que regulamentou o MCI e especificou deveres de proteção de dados pessoais por provedores, estabelecendo medidas de transparência e acessibilidade.

20 FLORÊNCIO, J. A. **Proteção de dados na cultura do algoritmo**. 2019. Tese (Doutorado em Direito) – Programa de Estudos Pós-Graduados em Direito, Pontifícia Universidade Católica de São Paulo, São Paulo/SP, 2019. Disponível em: https://repositorio.pucsp.br/jspui/handle/handle/22255. Acesso em: 29 jan. 2022. p. 159-164.

21 *Ibidem*.

O MCI é um marco, em todos os sentidos, porque realmente inaugura uma mudança legislativa de reconhecimento da necessidade de regulação federal da tecnologia e dos direitos dos usuários e da diferenciação entre privacidade e proteção de dados. Isso não significa que antes não existissem normas que fazem sentido nesse mesmo contexto, embora sejam substancialmente anteriores.

O Código de Defesa do Consumidor (CDC), Lei n. 8.078/1990, há 30 anos, dispôs sobre bancos de dados e cadastros de consumidores (art. 43 e seguintes).[22] Ali se disciplina o direito de acesso, de retificação e de transparência, de uma maneira que seria quase reproduzida 28 anos depois na LGPD. A Lei Federal n. 12.414/2011, chamada Lei do Cadastro Positivo, se propõe justamente a disciplinar a formação e a consulta de bancos de dados com informações de adimplemento de pessoas naturais (e jurídicas) para formação de histórico de crédito.[23] E a Lei da Transparência, também de 2011, dispõe que informação pessoal é aquela relacionada à pessoa natural identificada ou identificável (art. 4º, IV).[24]

A LGPD, Lei n. 13.709/2018,[25] entrou em vigor por etapas. Primeiramente, em 28 de dezembro de 2018, quanto à institui-

22 BRASIL. **Lei n. 8.078,** de 11 de setembro de 1990. Código de Defesa do Consumidor (CDC). Disponível em: http://www.planalto.gov.br/ccivil_03/leis/l8078compilado.htm. Acesso em: 29 jan. 2022.

23 BRASIL. **Lei n. 12.414,** de 9 de junho de 2011. Lei do Cadastro Positivo. Disponível em: http://www.planalto.gov.br/ccivil_03/_ato2011-2014/2011/lei/l12414.htm. Acesso em: 29 jan. 2022.

24 BRASIL. **Lei n. 12.527,** de 19 de novembro de 2011. Lei da Transparência. Disponível em: http://www.planalto.gov.br/ccivil_03/_ato2011-2014/2011/lei/l12527.htm. Acesso em: 29 jan. 2022.

25 BRASIL. **Lei n. 13.709,** de 14 de agosto de 2018. Lei Geral de Proteção de Dados Pessoais (LGPD). Disponível em: http://www.planalto.gov.br/ccivil_03/_ato2015-2018/2018/lei/l13709.htm. Acesso em: 29 jan. 2022.

ção da Autoridade Nacional de Proteção de Dados (ANPD) e de seu Conselho Nacional de Proteção de Dados. Depois, em agosto de 2020, quanto aos demais artigos, com exceção daqueles que estabelecem sanções, vigentes em 1º de agosto de 2021.

A estrutura regimental da ANPD foi criada em agosto de 2020 pelo Decreto n. 10.474,[26] e os membros do Conselho Diretor foram nomeados no Diário Oficial da União (DOU) de 6 de novembro de 2020. A Portaria n. 1, de 8 de março de 2021, da Presidência da República, estabeleceu o Regimento Interno da ANPD, alterando e ampliando algumas das competências inicialmente previstas na LGPD e no Decreto n. 10.474/2020.[27] Em outubro de 2020, foi aprovado o Regulamento do Processo de Fiscalização e do Processo Administrativo Sancionador da ANPD (Resolução CD/ANPD n. 1, de 28 de outubro de 2020).[28] Os membros do Conselho Nacional de Proteção de Dados Pessoais e da Privacidade foram nomeados pela Presidência da República nos Decretos de 9 de agosto e 10 de setembro de 2021.

Desde sua nomeação, o Conselho Diretor da ANPD tem atuado de modo consistente e linear, conforme agenda regulatória e planejamento estratégico da instituição. Tal atuação tem revelado, sobretudo, um caráter educativo e preventivo,

26 BRASIL. **Decreto n. 10.474,** de 26 de agosto de 2020. Disponível em: https://www.in.gov.br/en/web/dou/-/decreto-n-10.474-de-26-de-agosto-de-2020-274389226. Acesso em: 24 jan. 2022.

27 BRASIL. Presidência da República. **Portaria n. 01,** de 8 de março de 2021. Regimento Interno da ANPD. Disponível em: https://www.in.gov.br/en/web/dou/-/portaria-n-1-de-8-de-marco-de-2021-307463618. Acesso em: 29 jan. 2022.

28 ANPD. **Resolução CD/ANPD n. 1,** de 28 de outubro de 2020. Disponível em: https://www.in.gov.br/en/web/dou/-/resolucao-cd/anpd-n-1-de-28-de-outubro-de-2021-355817513. Acesso em: 29 jan. 2022.

com a divulgação de diretrizes, manuais, recomendações e realização de parcerias. Destacam-se os guias de (i) tratamento de dados pessoais pelo poder público;[29] (ii) aplicação da LGPD no contexto eleitoral;[30] (iii) segurança da informação para agentes de pequeno porte;[31] (iv) definições de agentes de tratamento e encarregado;[32] (v) guia para consumidores em parceria com o Senacon;[33] e (vi) fascículos de orientação para vazamento de dados[34] e proteção de dados[35] em parceria com o CGI.br, nic.br e

---

29 ANPD. **Guia orientativo de tratamento de dados pessoais pelo Poder Público**. 2022. Disponível em: https://www.gov.br/anpd/pt-br/documentos-e-publicacoes/guia-poder-publico-anpd-versao-final.pdf. Acesso em: 29 jan. 2022.

30 ANPD. **Guia orientativo para aplicação da Lei Geral de Proteção de Dados (LGPD) por agentes de tratamento no contexto eleitoral**. 2021. Disponível em: https://www.gov.br/anpd/pt-br/documentos-e-publicacoes/guia_lgpd_final.pdf. Acesso em: 29 jan. 2022.

31 ANPD. **Guia orientativo de segurança da informação para agentes de tratamento de pequeno porte.** 2021. Disponível em: https://www.gov.br/anpd/pt-br/documentos-e-publicacoes/guia-vf.pdf. Acesso em: 29 jan. 2022.

32 ANPD. **Guia orientativo para definições dos agentes de tratamento de dados pessoais e do encarregado.** 2021. Disponível em: https://www.gov.br/anpd/pt-br/documentos-e-publicacoes/2021.05.27GuiaAgentesdeTratamento_Final.pdf. Acesso em: 29 jan. 2022.

33 ANPD. **Como proteger seus dados pessoais: guia do núcleo de proteção de dados do Conselho Nacional de Defesa do Consumidor em parceria com a ANPD e a SENACON**. [s. d.]. Disponível em: https://www.gov.br/anpd/pt-br/documentos-e-publicacoes/arquivos-de-documentos-de-publicacoes/guia-do-consumidor_como-proteger-seus-dados-pessoais-final.pdf Acesso em: 29 jan. 2022.

34 CGI.br, nic.br e cert.br. **Fascículo Vazamento de Dados.** [s. d.]. Disponível em: https://cartilha.cert.br/fasciculos/vazamento-de-dados/fasciculo-vazamento-de-dados.pdf. Acesso em: 29 jan. 2022.

35 CGI.br, nic.br e cert.br. **Fascículo Proteção de Dados.** [s. d.]. Disponível em: https://cartilha.cert.br/fasciculos/protecao-de-dados/fasciculo-protecao-de-dados.pdf. Acesso em: 29 jan. 2022.

cert.br. Além desses documentos, a ANPD tem orientado usuários a respeito da realização de denúncias *on-line*, em plataforma de peticionamento eletrônico, mediante preenchimento de requisitos,[36] e estabeleceu diretrizes para a comunicação de incidentes de segurança[37] com disponibilização de formulário próprio.

É seguro dizer, pois, que as regras brasileiras e o microssistema de proteção de dados pessoais no Brasil são de vanguarda, com disposições eficientes e bem construídas, dentro de um panorama mundial de adequação e conscientização geral a respeito da importância da matéria.

E isso faz todo sentido porque as normas internacionais e nacionais de proteção de dados pessoais têm uma *ratio* diferenciada daquela encontrada no Direito do Consumidor ou no Direito Civil. O propósito delas não é promover a reparação civil por meio da judicialização de situações, mas prevenir violações ao direito de proteção dos dados pessoais e garantir que, quando ocorram, sejam mitigadas e solucionadas extrajudicialmente.

São, portanto, regras que orientam a implementação de medidas apropriadas, análises de risco, correção de falhas e conscientização, sob pena de sanções administrativas (responsabilização – *accountability*).[38] Essa responsabilização se aferi-

---

36 ANPD. **Petição de titular**. 2021. Disponível em: https://www.gov.br/anpd/pt-br/canais_atendimento/cidadao-titular-de-dados/peticao-de-titular-contra-controlador-de-dados. Acesso em: 29 jan. 2022.

37 ANPD. **Comunicação de incidentes de segurança.** 2021. Disponível em: https://www.gov.br/anpd/pt-br/assuntos/incidente-de-seguranca. Acesso em: 29 jan. 2022.

38 A *accountability* (responsabilização) estreou formalmente no campo da proteção internacional de dados há mais de 30 anos, quando foi adotada como princípio de proteção de dados nas Diretrizes da OCDE. Em 2010,

rá nos termos dos arts. 42[39] e 43[40] da LGPD, que se assemelham ao art. 82 do GDPR.[41] Segundo esses dispositivos, a responsa-

o Grupo de Trabalho sobre Proteção de Dados do Artigo 29 (Article 29 Working Party) emitiu parecer sobre o princípio da responsabilização, partindo do pressuposto de inclusão de uma disposição geral sobre a questão na Diretiva de Proteção de Dados revisada. A Comissão Europeia fez referência ao princípio em comunicação subsequente, descrevendo uma estratégia para modernizar o quadro de proteção de dados da UE, sendo que na comunicação que descreve os principais objetivos da revisão da Diretiva 95/46/CE, declarou que exploraria formas de garantir que os controladores de dados implementassem políticas e mecanismos eficazes para garantir o cumprimento das regras de proteção de dados. Mais informações em (i) Recommendation of the Council concerning Guidelines governing the protection of privacy and transborder flows of personal data. OECD, 23.7.1980. Disponível em: http://www.oecd.org/internet/ieconomy/oecdguidelinesontheprotectionofprivacyandtransborderflowsofpersonaldata.htm; (ii) Data Protection Working Party, 'Opinion 3/2010 on the principle of accountability'. Article 29. WP 173, 13.07.2010. Disponível em: http://ec.europa.eu/justice/policies/privacy/docs/wpdocs/2010/wp173_en.pdf; (iii) A comprehensive approach on personal data protection in the European Union. Communication from the Commission to the European Parliament, the Council, the Economic and Social Committee and the Committee of the Regions. Novembro de 2010. Disponível em: https://eur-lex.europa.eu/LexUriServ/LexUriServ.do?uri=COM:2010:0609:FIN:EN:PDF. Acesso em: 29 jan. 2022.

39 Art. 42. O controlador ou o operador que, em razão do exercício de atividade de tratamento de dados pessoais, causar a outrem dano patrimonial, moral, individual ou coletivo, em violação à legislação de proteção de dados pessoais, é obrigado a repará-lo.

40 Art. 43. Os agentes de tratamento só não serão responsabilizados quando provarem: II - que, embora tenham realizado o tratamento de dados pessoais que lhes é atribuído, não houve violação à legislação de proteção de dados.

41 Art. 82 Direito de indemnização e responsabilidade – 1. Qualquer pessoa que tenha sofrido danos materiais ou imateriais devido a uma violação do presente regulamento tem direito a receber uma indemnização do responsável pelo tratamento ou do subcontratante pelos danos sofridos. 2. Qualquer responsável pelo tratamento que esteja envolvido no tratamento é responsável pelos danos causados por um tratamento que viole o presente

bilidade do controlador se dará quando for verificado dano individual ou coletivo, moral ou material, por violação legal – desde que não se aplique a excludente de responsabilidade: a demonstração de observância à legislação de regência (denotando-se que o controlador não contribuiu com o evento que originou o dano).

Com efeito, a lei brasileira de proteção de dados pessoais deixa claro que o "tratamento de dados pessoais" somente será irregular, ou seja, ilícito, quando "não observar a legislação" ou "não fornecer a segurança que o titular dele pode esperar". Nessa última hipótese, a LGPD estabelece que devem ser considerados não apenas os "riscos que razoavelmente dele [tratamento] se esperam", mas em especial "as técnicas [...] disponíveis à época em que foi realizado".[42]

De fato, alinhada com os melhores regulamentos e práticas internacionais na matéria, a lei brasileira reafirma a lógica básica de todo o sistema de responsabilidade civil – no sentido de que sequer se pode cogitar em dever de indenizar sem que

regulamento. O subcontratante é responsável pelos danos causados pelo tratamento apenas se não tiver cumprido as obrigações decorrentes do presente regulamento dirigidas especificamente aos subcontratantes ou se não tiver seguido as instruções lícitas do responsável pelo tratamento. 3. O responsável pelo tratamento ou o subcontratante fica isento de responsabilidade nos termos do n. 2, se provar que não é de modo algum responsável pelo evento que deu origem aos danos.

42 Art. 44 O tratamento de dados pessoais será irregular quando deixar de observar a legislação ou quando não fornecer a segurança que o titular dele pode esperar, consideradas as circunstâncias relevantes, entre as quais: I – o modo pelo qual é realizado; II – o resultado e os riscos que razoavelmente dele se esperam; III – as técnicas de tratamento de dados pessoais disponíveis à época em que foi realizado. [...]

exista um dano concreto ao usuário – e estabelece que a "violação de segurança" decorre especificamente do não atendimento do estabelecido em seu art. 46.[43]

Esse dispositivo, por sua vez, está contido na seção da LGPD que versa sobre segurança e sigilo dos dados, dispondo que "as medidas de segurança", tanto administrativo-organizacionais quanto técnicas em sentido estrito, devem ser empreendidas pelo controlador dos dados para evitar "acessos não autorizados", mas, especialmente, "*situações acidentais ou ilícitas de destruição, perda, alteração, comunicação dos dados pessoais*".

É justamente para que o Judiciário não se perca em um debate infindável e etéreo sobre os limites do que seria "medida de segurança adequada", tampouco se estabeleçam critérios interpretativos de cumprimento impossível – que não sobrevivam a um juízo mínimo de proporcionalidade –, que o próprio art. 46 da LGPD estabeleceu não ser autoaplicável. Isto é, para que se possa cogitar um tratamento inadequado de dados pessoais em razão da violação de sua segurança, é preciso que previamente a ANPD estabeleça critérios claros sobre a matéria.

Trata-se de solução – estabelecimento de uma autoridade nacional com musculatura institucional para definir e fiscalizar padrões técnicos adequados – que é a regra em países como Reino Unido, Itália, França, Japão, Argentina e Uruguai.[44] Mais:

---

43 Art. 44, parágrafo único Responde pelos danos decorrentes da violação da segurança dos dados o controlador ou o operador que, ao deixar de adotar as medidas de segurança previstas no art. 46 desta Lei, der causa ao dano.

44 BRASIL. **Parecer/CN n. 1/2019,** da Comissão Mista da Medida Provisória n. 869, de 2018, que altera a Lei n. 13.709, de 14 de agosto de 2018, para dispor sobre a proteção de dados pessoais e para criar a Autoridade Nacional de Proteção de Dados, e dá outras providências. Presidente: Se-

cerca de 80% dos 120 países que têm leis vigentes sobre proteção de dados contam com órgão de controle análogo.[45] E perceba-se que essa solução nem poderia ser diferente no contexto da proteção de dados pessoais.

Há aqui uma clara opção legislativa não apenas por um modelo de fiscalização preferencial, exercido pela autoridade nacional tecnicamente competente na matéria, com autonomia decisória e dever institucional de zelar pela proteção dos dados e editar regulamentação técnica para adequar as práticas do setor. Há mais: é por meio das informações que recebe dos regulados (controladores dos dados pessoais de terceiros) que a ANPD tem *condições de editar, de forma consciente e atenta às particularidades do setor, os "regulamentos e procedimentos sobre proteção de dados pessoais"* (art. 55-J da LGPD), inclusive sobre os padrões técnicos mínimos de segurança que darão aplicabilidade ao seu art. 46.

3.2.2. Gradação de riscos e de danos na proteção aos dados pessoais

A LGPD, a exemplo do GDPR, analisa os riscos sob dois ângulos. O primeiro considera os riscos de ocorrência de um

nador Eduardo Gomes. Relator: Deputado Orlando Silva. Relator Revisor: Senador Rodrigo Cunha. 07.052019, p. 44. Disponível em: https://www.camara.leg.br/proposicoesWeb/prop_mostrarintegra;jsessionid=node0rd1i38h46yc31ck4xld4vtp3w38747315.node0?codteor=1703516&filename=MPV+869/2018. Acesso em: 30 jan. 2022.

45 GREENLEAF, G. **Data Privacy Authorities**, 2017. Growing Significance of Global Networks. 146 Privacy Laws & Business International Report, 14, *UNSWLRS* 44, 2017. Disponível em: http://www5.austlii.edu.au/au/journals/UNSWLRS/2017/44.pdf. Acesso em: 2 fev. 2022.

incidente de segurança/tratamento irregular (risco como *probabilidade*), constituindo-se de análise prévia ao tratamento. O segundo considera os riscos decorrentes efetivo incidente/ tratamento ocorrido (risco como *impacto*).

A primeira hipótese abarca o dever do controlador de conter a probabilidade de riscos, cercando-se de cuidados técnicos. É a esse tipo de risco, neste contexto temporal, que se refere o *Considerandum* n. 90 do GDPR, por exemplo.[46] A segunda hipótese diz respeito ao impacto que efetivamente decorre do tratamento irregular. Quando esse impacto pressupõe alto risco, verifica-se, em um passo seguinte, a gravidade do eventual dano.[47, 48] Ou seja, com o intuito de determinar a gravidade

46 *Considerandum* n. 90 – Nesses casos, o responsável pelo tratamento deverá proceder, antes do tratamento, a uma avaliação do impacto sobre a proteção de dados, a fim de avaliar a probabilidade ou gravidade particulares do elevado risco, tendo em conta a natureza, o âmbito, o contexto e as finalidades do tratamento e as fontes do risco. Essa avaliação do impacto deverá incluir, nomeadamente, as medidas, garantias e procedimentos previstos para atenuar esse risco, assegurar a proteção dos dados pessoais e comprovar a observância do presente regulamento. (Disponível em: https://eur-lex.europa.eu/legal-content/PT/TXT/HTML/?uri=CELEX:32016R0679&from=EN. Acesso em: 29 jan. 2022.)

47 *Considerandum* n. 86 – O responsável pelo tratamento deve comunicar ao titular dos dados uma violação de dados pessoais, sem demora injustificada, quando essa violação de dados pessoais provavelmente resultar em alto risco para os direitos e liberdades da pessoa física, a fim de permitir que ela tome as providências necessárias precauções. (Disponível em: https://eur-lex.europa.eu/legal-content/PT/TXT/HTML/?uri=CELEX:32016R0679&from=EN. Acesso em: 29 jan. 2022.)

48 Art. 70 Atribuições do Comité – 1. O Comité assegura a aplicação coerente do presente regulamento. Para o efeito, o Comité exerce, por iniciativa própria ou, nos casos pertinentes, a pedido da Comissão, as seguintes atividades: [...]; h) Emite diretrizes, recomendações e melhores práticas nos termos da alínea e) do presente número, a respeito das circunstâncias em que as violações de dados pessoais são suscetíveis de resultar num risco elevado para os direitos e liberdades das pessoas singulares a que se refere

ou a ausência de gravidade de um incidente, os regulamentos de proteção de dados criaram uma distinção muito clara entre riscos (em geral) e altos riscos,[49] de modo que apenas o "alto risco" é relevante.[50]

Para oferecer um parâmetro do que seria considerado um incidente de segurança com potencial para alto risco, o GDPR enumera, no *Considerandum* n. 75,[51] situações nas quais, a de-

o artigo 34, n. 1. (Disponível em: https://eur-lex.europa.eu/legal-content/PT/TXT/HTML/?uri=CELEX:32016R0679&from=EN. Acesso em: 29 jan. 2022.)

49 *Considerandum* n. 76 – A probabilidade e gravidade do risco para os direitos e liberdades do titular dos dados devem ser determinadas por referência à natureza, escopo, contexto e objetivos do processamento. O risco deve ser avaliado com base em uma avaliação objetiva, através da qual é estabelecido se as operações de processamento de dados envolvem um risco ou um risco alto" e *Considerandum* n. 86 – O responsável pelo tratamento deve comunicar ao titular dos dados uma violação de dados pessoais, sem demora injustificada, quando essa violação de dados pessoais provavelmente resultar em alto risco para os direitos e liberdades da pessoa física, a fim de permitir que ela tome as providências necessárias precauções. (Disponível em: https://eur-lex.europa.eu/legal-content/PT/TXT/HTML/?uri=CELEX:32016R0679&from=EN. Acesso em: 29 jan. 2022.)

50 A LGPD determina no art. 48, no mesmo sentido das regras europeias, que o controlador só deverá comunicar à Autoridade Nacional de Proteção de Dados (ANPD) o incidente de segurança que possa causar risco relevante ou dano relevante ao titular. Como visto, a ANPD recomenda que seja informado qualquer incidente, mas trata-se de recomendação sem efeito vinculante. Disponível em: http://www.planalto.gov.br/ccivil_03/_ato2015-2018/2018/lei/l13709.htm. Acesso em: 29 jul. 2022.

51 *Considerandum* n. 75 – O risco para os direitos e liberdades das pessoas singulares, cuja probabilidade e gravidade podem ser variáveis, poderá resultar de operações de tratamento de dados pessoais suscetíveis de causar danos físicos, materiais ou imateriais, em especial quando o tratamento possa dar origem à discriminação, à usurpação ou roubo da identidade, a perdas financeiras, prejuízos para a reputação, perdas de confidencialidade de dados pessoais protegidos por sigilo profissional, à inversão não autorizada da pseudonimização, ou a quaisquer outros prejuízos importantes de natureza económica ou social; quando os titulares dos dados possam

pender da gravidade variável, o incidente poderia eventualmente resultar em risco de dano, deixando clara a distinção entre risco e dano. As situações seriam as seguintes: (i) discriminação; (ii) roubo da identidade; (iii) perdas financeiras; (iv) prejuízos à reputação; (v) perda de confidencialidade de dados pessoais protegidos por sigilo profissional; (vi) inversão não autorizada da pseudonimização; (vii) prejuízos importantes de natureza econômica ou social; (viii) privação de direitos e liberdades ou perda do controle sobre os dados pessoais; (ix) vazamento de dados pessoais sensíveis ou referentes a condenações penais e infrações ou medidas de segurança conexas; (x) perfilamento; (xi) vazamento de dados de pessoas vulneráveis, em particular crianças; (xii) vazamento de grande quantidade de dados pessoais relativos a um grande número de titulares.

O GDPR vai além da LGPD e dispõe, no art. 34, 3, *b*, que mesmo na eventualidade de constatação de risco relevante decorrente do incidente de segurança, se o controlador tiver ado-

ficar privados dos seus direitos e liberdades ou impedidos do exercício do controlo sobre os respetivos dados pessoais; quando forem tratados dados pessoais que revelem a origem racial ou étnica, as opiniões políticas, as convicções religiosas ou filosóficas e a filiação sindical, bem como dados genéticos ou dados relativos à saúde ou à vida sexual ou a condenações penais e infrações ou medidas de segurança conexas; quando forem avaliados aspetos de natureza pessoal, em particular análises ou previsões de aspetos que digam respeito ao desempenho no trabalho, à situação económica, à saúde, às preferências ou interesses pessoais, à fiabilidade ou comportamento e à localização ou às deslocações das pessoas, a fim de definir ou fazer uso de perfis; quando forem tratados dados relativos a pessoas singulares vulneráveis, em particular crianças; ou quando o tratamento incidir sobre uma grande quantidade de dados pessoais e afetar um grande número de titulares de dados. (Disponível em: https://eur-lex.europa.eu/legal-content/PT/TXT/HTML/?uri=CELEX:32016R0679&from=EN. Acesso em: 29 jan. 2022.)

tado medidas que mitiguem completamente o alto risco, não é necessário nem comunicar aos titulares.

3.3. A ética algorítmica como manifestação existencial da dignidade

> Considerando que o reconhecimento da dignidade inerente a todos os membros da família humana e dos seus direitos iguais e inalienáveis constitui o fundamento da liberdade, da justiça e da paz no mundo
>
> [...]
>
> Art. 1º: Todos os seres humanos nascem livres e iguais em dignidade e em direitos. Dotados de razão e de consciência, devem agir uns para com os outros em espírito de fraternidade.[52]
>
> Pois bem, é sob essa concepção metafísica do ser humano que reputamos adequado analisar a dignidade da pessoa humana como um dos princípios – desde logo considerado valor pré-constituinte e de hierarquia supraconstitucional – em que se fundamenta a República Federativa do Brasil, nos termos do art. 1º da Carta Política de 1988.[53]
>
> Human dignity is the root of all other human rights, expressed in Article 1 of the Charter of Fundamental Rights of the EU, Article 1 of the Universal Declaration on Human Rights and the Preamble of the International Covenant on Civil and Political Rights.[54]

52 ONU. Assembleia Geral da ONU. **Declaração Universal dos Direitos Humanos** (217 [III] A). Paris, 1948. Disponível em: http://www.un.org/en/universal-declaration-human-rights/. Acesso em: 23 jan. 2022.

53 MENDES, G; COELHO, I. M.; BRANCO, P. G. G. **Curso de Direito Constitucional.** 4. ed. rev. e atual. São Paulo: Saraiva, 2009. p. 172.

54 Tradução livre: "A dignidade humana é a raiz de todos os outros direitos humanos, expressos no artigo 1º da Carta dos Direitos Fundamentais da

Com base nos ensinamentos de Immanuel Kant,[55] Luís Roberto Barroso explica que a ética e a dignidade se enlaçam porque a ética tem como objeto a vontade do homem, e a fórmula kantiana para determinar a ação ética parte da premissa de que a ética age sobre a vontade do homem (autodeterminação). É a dignidade que diferencia o homem das coisas e dos animais.[56]

O conceito de dignidade humana conduziria, assim, à realização de ações (escolhas) éticas com o objetivo final de "viver bem". Nesse sentido, Dworkin explica que viver dignamente resulta da realização de dois princípios secundários: o respeito próprio e a autenticidade. O respeito próprio advém de fazer da vida algo útil em vez de uma oportunidade perdida; e a autenticidade consiste em aceitar a responsabilidade por essa vida, comportando-se de modo coerente com as próprias convicções pessoais (valores morais).[57]

O autor entende que a principal função da ética é estabelecer o padrão que orientará a compreensão dos conceitos morais, o que conduziria ao resultado prático de "viver bem", ou seja, de modo irrepreensível, consoante o julgamento do pró-

UE, no artigo 1º da Declaração Universal dos Direitos do Homem e no Preâmbulo do Pacto Internacional sobre os Direitos Civis e Políticos". EUROPEAN PARLIAMENT. Policy department for citizens' rights and constitutional affairs. **Disinformation and propaganda** – impact on the functioning of the rule of law in the EU and its member states. Disponível em: https://www.europarl.europa.eu/RegData/etudes/STUD/2019/608864/IPOL_STU(2019)608864_EN.pdf. Acesso em: 31 jan. 2022.

55 KANT, I. **Fundamentação da metafísica dos costumes**. Tradução de Paulo Quintela. São Paulo: Abril Cultural, 1980.

56 *Ibidem.*

57 DWORKIN, R. **Justiça para ouriços**. Coimbra: Almedina, 2012.

prio indivíduo. A moral é essencial porque são os valores morais que orientam a ética,[58] como bem colocou o Chief Justice da Suprema Corte norte-americana, Potter Stewart, ao afirmar que "Ética é saber a diferença entre o que você tem o direito de fazer e fazer o que é direito".[59]

É certo que a concepção de dignidade, como os demais axiomas, pode variar no tempo e no espaço, conforme seja influenciada pela história, pela cultura, pela política, pelo desenvolvimento humano e pelos interesses públicos e privados. De fato, a acepção aqui considerada migrou para a filosofia, a despeito de sua origem religiosa, quando começou a se apoiar na razão, na capacidade de valoração moral e na autodeterminação. Estima-se que, no século XX, a dignidade tenha passado a ter relevância para o direito, extrapolando o *status* de valor moral fundamental para se tornar um princípio jurídico com estatura constitucional.[60]

Com a positivação jurídica, a dignidade ganhou nova importância e passou a ser utilizada "*tanto como justificação moral quanto como fundamento normativo*". [61] Esse papel de princípio jurídico também lhe resultou em poderes, porquanto

58 *Ibidem.*

59 Tradução livre de "Ethics is knowing the difference between what you have the right to do and what is right to do". EVANS, WG. The motivation to be ethical. **SADJ,** v. 71, n. 7, p. 329, August 2016. Disponível em: http://www.scielo.org.za/pdf/sadj/v71n7/11.pdf. Acesso em: 26 jan. 2022.

60 BARROSO, L. R. A dignidade da pessoa humana no direito constitucional contemporâneo: natureza jurídica, conteúdos mínimos e critérios de aplicação. **Interesse Público,** [Recurso Eletrônico], v. 14, n. 76, nov./dez. 2012. Disponível em: http://dspace/xmlui/bitstream/item/4836/PDIexibepdf.pdf?sequence=1. Acesso em: 23 jan. 2022.

61 *Ibidem.*

"princípios são normas jurídicas com certa carga axiológica, que consagram valores ou indicam fins a serem realizados".[62]

A dignidade, como princípio constitucional, tem eficácia direta, isto é: incide sobre a realidade; também eficácia interpretativa: porque condiciona o sentido e o alcance das normas; e ainda eficácia negativa: pois paralisa a aplicação de normas incompatíveis. Tais constatações são relevantes porque significam que a dignidade poderá limitar garantias individuais, a exemplo da liberdade de expressão (no discurso de ódio) ou vincular o desenvolvimento/uso da inteligência artificial às observâncias das regras de proteção de dados pessoais,[63 /64] que é a proposta deste trabalho.

Com efeito, a consequência de a autonomia ser um componente estrutural da dignidade é o preceito estar duplamente relacionado à proteção de dados. De um lado, o algoritmo ético concretiza a dignidade no sentido do art. 1º da Declaração Universal dos Direitos Humanos,[65] combinado especialmente

62 *Ibidem.*

63 Luís Roberto Barroso cita caso no qual o STF entendeu que liberdade de expressão não alberga discurso antissemita no *HC* n. 82.424/RS, Rel. p/ o acórdão Min. Maurício Corrêa. *DJ* 19 mar. 2003. BARROSO, L. R. A dignidade da pessoa humana no direito constitucional contemporâneo: natureza jurídica, conteúdos mínimos e critérios de aplicação. **Interesse Público**, [Recurso Eletrônico], v. 14, n. 76, nov./dez. 2012. Disponível em: http://dspace/xmlui/bitstream/item/4836/PDIexibepdf.pdf?sequence=1. Acesso em: 23 jan. 2022.

64 *Ibidem.*

65 "Todos os seres humanos nascem livres e iguais em dignidade e em direitos. Dotados de razão e de consciência, devem agir uns para com os outros em espírito de fraternidade". UNITED NATION. **Declaração Internacional dos Direitos Humanos**. Disponível em: https://www.ohchr.org/EN/UDHR/Pages/Language.aspx?LangID=por. Acesso em: 26 jan. 2022.

com os arts. 7º, 12, 18 e 19, enquanto vontade do homem que direciona a um agir ético.[66]

Acontece que autonomia/autodeterminação informativa – se não é sinônimo de privacidade –[67] é, no mínimo, expressão do direito à privacidade e à proteção de dados pessoais. Sendo assim, o respeito às regras de *data privacy* conduz, automática e consequentemente, à tutela da dignidade.

3.4. A regulamentação ética da IA a partir das regras de proteção de dados pessoais

> Beyond rule of law and responsive law concerns, recourse to algorithmic regulation may infringe protected rights, primarily human dignity, due process, privacy, and equality. Human dignity can be infringed upon to the extent a person is reduced to being a data object rather than a fully embodied moral agent, deserving meaningful choice, reasoning, and a decision by another moral agent. We will expand on a variant of this argument below. Due process can be infringed upon to the extent the decision cannot be meaningfully contested as either the data or the explanation behind the decision are opaque. Privacy can be infringed upon to the extent the algorithm relied on data mined without full and free consent (including consent for the application of the particular data for the purpose

66 EUROPEAN PARLIAMENT. Policy department for citizens' rights and constitutional affairs. **Disinformation and propaganda** – impact on the functioning of the rule of law in the EU and its member states. 2019. Disponível em: https://www.europarl.europa.eu/RegData/etudes/STUD/2019/608864/IPOL_STU(2019)608864_EN.pdf. Acesso em: 31 jan. 2022.

67 DONEDA, D. **Da privacidade à proteção de dados pessoais**. Rio de Janeiro: Renovar, 2006.

> it was used) or to the extent the algorithm was used in a manner that inhibited decisional autonomy by nudging a person without full disclosure. Finally, equality can be infringed upon to the extent the algorithm relies on what turns out to be discriminatory factors, reflect existing discriminatory practices in society, or generates discriminatory impact.[68]

Como visto no primeiro capítulo, grandes mentes do mundo da tecnologia, da engenharia, do direito e da filosofia têm se debruçado sobre a IA. E se não há muitos consensos, pelo menos há unanimidade quanto à necessidade de uma abordagem ética do tema para garantir que estejam infundidos valores morais adequados em seu funcionamento e em seu DNA (*code*).

68 Tradução livre: "Além do estado de direito e das preocupações com a lei responsiva, o recurso à regulação algorítmica pode infringir os direitos protegidos, principalmente a dignidade humana, o devido processo legal, a privacidade e a igualdade. A dignidade humana pode ser infringida na medida em que uma pessoa é reduzida a ser um objeto de dados em vez de um agente moral totalmente incorporado, merecendo escolha, raciocínio e decisão significativos por outro agente moral. Vamos expandir em uma variante deste argumento abaixo. O devido processo legal pode ser infringido na medida em que a decisão não pode ser contestada de forma significativa, pois os dados ou a explicação por trás da decisão são opacos A privacidade pode ser infringida na medida em que o algoritmo se baseou em dados extraídos sem consentimento total e livre (incluindo consentimento para a aplicação de dados específicos para o propósito em que foi usado) ou na medida em que o algoritmo foi usado de uma maneira que inibiu a tomada de decisão autonomia cutucando uma pessoa sem divulgação total. Finalmente, a igualdade pode ser infringida na medida em que o algoritmo depende do que acaba sendo fatores discriminatórios, reflete práticas discriminatórias existentes na sociedade ou gera impacto discriminatório". REICHMAN, A; SARTOR, G. **Algorithms and Regulation.** Constitutional Challenges in the Algorithmic Society. Cambridge: Cambridge University Press. Disponível em: https://www.cambridge.org/core/books/constitutional-challenges-in-the-algorithmic-society/831B39F76C7870B330052D852D598F98#fndtn-contents. Acesso em: 27 jan. 2022.

A importância desse cuidado se deve em parte à grande interrogação que a evolução da IA representa em termos de impacto na humanidade. Os algoritmos já representam hoje um mundo desconhecido, inacessível à mente humana e com repercussões que têm o potencial de ser desastrosas para o ser humano - ao mesmo tempo em que podem garantir a continuidade e a prosperidade do homem.

A questão é que a IA pode ser utilizada e desenvolvida em uma amplitude muito grande de aplicações possíveis - e daí a opção do legislador brasileiro por uma carta principiológica e por incentivar a regulamentação setorial. Embora cada setor tenha demandas específicas - da aviação civil às forças armadas, da agricultura à medicina, da segurança pública ao *marketing* preditivo -, há uma constante área de contato entre todas as possibilidades: o homem. De que maneira a IA impacta a vida diária das pessoas e interage com direitos fundamentais como a dignidade humana, o devido processo legal, a privacidade e a igualdade?

A dignidade humana, por exemplo, pode ser impactada pela coisificação do homem, tratado como mero fornecedor de dados e não como agente moral, manipulado ao ponto em que delega suas escolhas à máquina. O devido processo legal pode ser comprometido pela opacidade dos algoritmos, pela não concretização da explicabilidade e da revisão de decisões automatizadas. A igualdade está em perigo por causa do potencial discriminatório da IA. E a privacidade, em especial, pode ser violada de muitas formas - inclusive como condição à violação de outros direitos - porque a condição ao funcionamento da IA, basicamente, é acesso irrestrito a dados, muitos dos quais dizem respeito às pessoas.

Por essa ligação intrínseca entre a IA e o homem é que basicamente todos os mecanismos legais de proteção à sociedade e aos seus indivíduos – ao menos no que diz respeito aos direitos e garantias fundamentais, de ascendência constitucional – já se impõem e servem de alicerce regulatório dos algoritmos, independentemente de um marco civil principiológico ou robusto, ou de qualquer regulamento setorial.

Considerando que o microssistema de proteção de dados pessoais foi concebido exatamente para a proteção de alguns desses direitos, é até mesmo intuitivo que sirva como regulador da IA já implementada e como parâmetro para o alinhamento valorativo de qualquer IA em desenvolvimento. Note-se que o grande desafio do alinhamento valorativo da IA é precisamente estabelecer e delinear um consenso a respeito dos valores a serem trabalhados. Ora, a proteção de dados já incorpora um pacote de axiomas que refletem, de um lado, uma adesão maciça e, de outro, a ratificação estatal a essa avença.

É por isso que se entende aqui não ser necessário recorrer ao princípio da precaução, como fazem Bioni e Luciano, ao afirmar que as leis de proteção de dados são o portal de entrada para a regulação da IA por meio da aplicação do princípio da precaução.[69] Os autores primeiro explicam a origem do princí-

69 BIONI, B.; LUCIANO, M. **O princípio da precaução na regulação da inteligência artificial:** seriam as leis de proteção de dados o seu portal de entrada? [s. d.]. Disponível em: https://brunobioni.com.br/home/wp-content/uploads/2019/09/Bioni-Luciano_O-PRINCI%CC%81PIO-DA-PRECAUC%CC%A7A%CC%83O-PARA-REGULAC%CC%A7A%CC%83O-DE-INTELIGE%CC%82NCIA-ARTIFICIAL-1.pdf. Aceso em 20 jan. 2022.

pio, desde a década de 1970, a partir de iniciativas de proteção ambiental.[70]

É bem verdade que o contencioso de Direito Administrativo, até os dias presentes, é permeado pela aplicação do preceito que acabou se transformando em uma carta-branca, inclusive, para decisões *contra legem*. Por isso, entende-se neste trabalho que seria muito contraproducente trazer para o desenvolvimento da tecnologia e suas consequências, mesmo considerando os direitos dos titulares, o princípio da precaução ou uma versão dele.

Sem embargo, Bioni e Luciano trabalham o conceito de precaução dentro de uma abordagem baseada nos moldes associados à regulação internacional de algoritmos e explicam que tal visão é compatível com a mudança no eixo da proteção de dados que teria migrado da autodeterminação para o *risk assessment* dos tratamentos de dados.[71]

Os autores sustentam, assim, que a *accountability* e os relatórios de impacto à proteção de dados pessoais (RIPD), bem como o já estabelecido direito de revisão das decisões automatizadas nos termos da LGPD, consistiram em pontos de entrada à aplicação do princípio da precaução – e chamam especial atenção para os riscos relacionados à tecnologia de reconhecimento facial por representar, dizem, mais de um tipo de opção de incidência do preceito (fraca, moderada e forte). Ao final, não fica bem claro de que modo essa abordagem é necessária ou eficaz, porquanto

70 É possível que o artigo de Bioni e Luciano tenha sofrido influência do texto de Sunstein intitulado "*Beyond the precautionary principle*". 2002. Disponível em: https://chicagounbound.uchicago.edu/law_and_economics/87/. Acesso em: 20 jan. 2022.

71 *Ibidem*.

apenas parece o já estabelecido *risk approach*, mas com o nome de princípio da precaução e incidência mais limitada.

No mesmo sentido, Juliana Abrusio Florencio traz excelente contextualização histórica dos temas de IA e proteção de dados, a qual, no entanto, embora se intitule "Proteção de Dados na Cultura do Algoritmo", também não chega a propor *de facto* uma ideia de combinação de ambos os cenários para um objetivo comum (regulatório ou não).

A impressão que se tem é de que a intercessão entre as duas matérias é instintiva ao ponto de motivar os autores, mas não está clara o suficiente para que eles consigam concretizá-las. E é essa a missão ora empreendida. Pode ser que a dificuldade de outros estudiosos esteja na complexização de uma solução que é mais simples do que anteviram. Afinal, as regras de proteção de dados se encaixam melhor no desenvolvimento e no uso prático do que na teoria da IA.

Basta pensar nos exemplos mais evidentes que são os dilemas morais em discussão com maior frequência: discriminação, explicabilidade e opacidade das decisões automatizadas, filtragem de discurso (liberdade de expressão), interferência no resultado de processos democráticos e predição comportamental.

3.5. A experiência da Justiça Eleitoral

> Uma falta de liberdade confortável, suave, razoável e democrática prevalece na civilização industrial avançada, um sinal de progresso técnico.[72]

72 Tradução livre: "A comfortable, smooth, reasonable, democratic unfreedom prevails in advanced industrial civilization, a token of technical progress". MARCUSE, H. **The One-Dimensional Man**, 1968.

O Tribunal Superior Eleitoral (TSE), no exercício de seu poder normativo excepcional, tem regulado a atividade de provedores há anos para tentar controlar minimamente o risco e o grau de interferência nas eleições por meio da manipulação dos eleitores. Em dezembro de 2021, aprovou uma série de minutas de resoluções para as Eleições 2022.[73] Um dos objetivos declarados foi o de buscar, no âmbito das redes sociais, delimitar a responsabilidade dos provedores de internet.

A rigor, parece tratar-se de um exemplo muito interessante de autorregulação regulada porque os provedores já têm e exercem, de modo contínuo e autônomo, controle de conteúdo, impulsionamento, monitoramento, predição comportamental, filtragem, direcionamento de conteúdo, perfilação (*profiling)* e denúncias. Tais mecanismos, vários deles autonomamente controlados pelos provedores, são viáveis com a aplicação de IA.

Observa-se a atuação da Justiça Eleitoral como um esforço que se propõe a defender a privacidade e os dados pessoais dos cidadãos e, além disso, resguardar direitos inter-relacionados, que determinam a personalidade, a dignidade e o acesso à informação. A proteção desses direitos é fundamental para a proteção da democracia – como processo e como valor – e da idoneidade do processo eleitoral e de seu resultado:

> Bots em redes sociais podem assumir identidades por meio de contas falsas e divulgar opiniões a respeito de candidatos ou temas sensíveis politicamente. Por meio

73 BRASIL. Tribunal Superior Eleitoral. **Resolução n. 23.674**, de 16 de dezembro de 2021. Disponível em: https://www.tse.jus.br/legislacao/compilada/res/2021/resolucao-no-23-674-de-16-de-dezembro-de-2021. Acesso em: 30 jan. 2022.

> de mecanismos de inteligência artificial, estes bots conseguem interagir com outros usuários e divulgar informações conforme a situação. Os bots nas redes sociais podem, portanto, imitar comportamentos humanos relacionados a padrões de comunicação. Deste modo, tais mecanismos podem influenciar de forma considerável debates em eleições. Existe a possibilidade de bots manipularem opiniões e espalharem informações falsas nas redes sociais, constituindo um risco para a democracia [...]. Além disso, por meio dos filtros nas redes sociais, há a possibilidade da criação de "bolhas ideológicas", o que significa que o usuário somente visualizará publicações que se assemelhem com seus interesses e opiniões.[74]

Dentre as providências adotadas costumeiramente pelo TSE e pelas regras constantes da Lei Federal n. 9.504/1997, constata-se uma forte adaptabilidade regulatória por meio de consecutivas alterações ao longo dos anos.

Nesse sentido, para minorar a manipulação dos eleitores (polarização, bolhas de conteúdo, *fake news*, alienação etc.), controla-se o impulsionamento de conteúdo diferente dos disponibilizados pelo próprio provedor, mas os que disponibilizam tais mecanismos devem ter canais próprios de comunicação e devem tornar seu conteúdo indisponível "nos limites técnicos" de seu serviço, tão logo determinado pela Justiça Eleitoral. Além do impulsionamento de conteúdos – que deverá ser onerado e identificar de forma inequívoca que foi contratado por partidos, coligações, candidatos e seus representantes –, são

74 GORZONI, P. **Inteligência Artificial**: Riscos para direitos humanos e possíveis ações. [s. d.]. Disponível em: https://itsrio.org/wp-content/uploads/2019/03/Paula-Gorzoni.pdf. Acesso em: 30 jan. 2022.

vedadas outras formas de propaganda – próprias ou de terceiros – que sejam pagas.[75] Mesmo assim, a Resolução n. 23.674/2021 veda que, no dia da eleição, sejam impulsionados novos conteúdos, sendo permitido que permaneçam no ar os anteriores.

A Lei Federal n. 9.504/1997 também regulamenta o direito de resposta (art. 58 e seguintes) como ferramenta de combate às *fake news*. Especificamente no âmbito das redes sociais (ou na internet, de modo mais amplo), o direito de resposta inclui o emprego do mesmo modelo de impulsionamento eventualmente contratado nos termos do art. 57-C, sendo que tais processos terão assegurado trâmite privilegiado na Justiça Eleitoral.

O exemplo da Justiça Eleitoral demonstra a efetiva regulação da inteligência artificial como consequência natural do *enforcement* da regulamentação/normatização do uso da tecnologia com vistas à proteção dos direitos pessoais e do processo democrático. Com efeito, a constatação eventual de que o resultado da eleição foi influenciado decisivamente por manipulação dos eleitores (especialmente no ambiente virtual) dá causa à anulação do pleito.

3.6. A proteção de dados e regulação ética da IA

A LGPD prevê a possibilidade de o titular solicitar revisão de decisões automatizadas que sejam tomadas unicamente com base no "tratamento automatizado de dados pessoais que afetem seus interesses, incluídas as decisões destinadas a defi-

75 BRASIL. **Lei n. 9.504,** de 30 de setembro de 1997. Estabelece normas para as eleições. Disponível em: http://www.planalto.gov.br/ccivil_03/leis/l9504.htm#art57b. Acesso em: 30 jan. 2022.

nir o seu perfil pessoal, profissional, de consumo e de crédito ou os aspectos de sua personalidade" (art. 20), resguardados os segredos comerciais e industriais (§ 2º do dispositivo).

O controlador tem a obrigação de informar os critérios e procedimentos da decisão de modo claro e adequado ou estará sujeito à realização de auditoria pela autoridade de proteção de dados (*data protection authority* - DPA) "*para verificação de aspectos discriminatórios em tratamento automatizado de dados pessoais*" (art. 20, §§ 1º e 2º, da LGPD). É exatamente a tradução da explicabilidade e das providências nos casos de IA opaca ou *black boxes*, bem como do direito de revisão das decisões dos robôs por seres humanos. Em outras palavras, é a LGPD regulando a IA.

A importância dessa previsão vai além do óbvio (derivado do próprio título "revisão de decisões") porque também endereça preocupações decorrentes da tomada de decisões por máquinas, como a segregação de pessoas via perfilamento (*profiling*), predição comportamental, direcionamento de conteúdo, censura etc.

Seria possível, na verdade, dividir em dois grandes grupos as ações dos algoritmos (decisão e aprendizado) e pensar nas consequências deles. O primeiro grupo - consequências das decisões tomadas por robôs - é aquele introduzido pela LGPD. O segundo - consequências do *machine learning* - é mais delicado e menos explorado, mas pode, igualmente, ser influenciado ou parcialmente regulado por meio das regras de privacidade e proteção de dados (*data privacy*). Além disso, o aprendizado da máquina influencia as decisões que ela tomará.

Acredita-se que a regulação da IA por meio das regras de *data privacy* não se dá a partir de um princípio (como indicaram

Bioni e Luciano, sugerindo, ao menos em algumas situações, o princípio da precaução),[76] mas da ética. É um imperativo ético considerar tais normas e direitos que elas se propõem a tutelar no desenvolvimento e no uso da IA, especificamente como valores aplicáveis (no panorama do alinhamento valorativo), mas também como fins em si mesmos, sempre que possível.

As seções a seguir se propõem a explorar algumas das possibilidades de regulação ética da IA a partir das regras de proteção à privacidade e a dados pessoais, inclusive como expressões da dignidade.

3.6.1. Moderação de conteúdo, desinformação, discurso de ódio, autopercepção, privacidade e proteção de dados

A remoção de conteúdo em plataformas de redes sociais é feita frequentemente por sistemas automatizados ou semiautomatizados que utilizam AI. Essa filtragem de conteúdo por agentes privados, realizada de modo não regulado, pode constituir eventuais violações a direitos e garantias individuais – não apenas à liberdade de expressão, mas ao acesso à informação (produzida por terceiros), à interação humana, à individualização, à democratização e ao pensamento.

A questão é que conteúdos de viés ideológico, político e humorístico são passíveis de intepretações sutis, que muitas

76 BIONI, B.; LUCIANO, M. **O princípio da precaução na regulação da inteligência artificial:** seriam as leis de proteção de dados o seu portal de entrada? [s. d.]. Disponível em: https://brunobioni.com.br/home/wp-content/uploads/2019/09/Bioni-Luciano_O-PRINCI%CC%81PIO-DA-PRECAUC%CC%A7A%CC%83O-PARA-REGULAC%CC%A7A%CC%83O-DE-INTELIGE%CC%82NCIA-ARTIFICIAL-1.pdf. Aceso em 20 jan. 2022.

vezes fogem à programação convencional das máquinas. As imagens também representam um desafio, que já impregna o próprio imaginário da matéria: seria *O nascimento de Vênus*, de Botticelli, uma imagem imprópria de nudez?

Some-se a isso o problema da desinformação e das *fake news*, que engloba tanto o compartilhamento orgânico e de boa-fé de informações equivocadas quanto a produção e disseminação de conteúdos fabricados. Essa realidade é tão complexa e tem tantos desdobramentos e peculiaridades que precisaria de um trabalho exclusivamente dedicado a contextualizá-la. Sem embargo, é importante considerar que o desafio envolve a atuação (social) de *bots* (robôs que executam tarefas automaticamente) – não raro se fazendo passar por usuários reais –, a manipulação de ideologias e processos eleitorais, a implementação de técnicas de desvio de atenção intencional (de conteúdos inconvenientes para certos players), entre outros.

Em língua portuguesa, entende-se como desinformação tanto a *misinformation* quanto a *disinformation*. A rigor, o primeiro termo se aplica ao compartilhamento de informações falsas sem má-fé; e o segundo é a divulgação proposital de informação falsa, com objetivo de prejudicar. Por fim, *mal-information* é a disseminação de informações genuínas com propósito de prejudicar alguém ou algo.[77]

A aplicação da IA nesse contexto não se limita ao impulsionamento de conteúdo ou à sua filtragem. De fato, no que inte-

77 EUROPEAN PARLIAMENT. Policy department for citizens' rights and constitutional affairs. **Disinformation and propaganda** – impact on the functioning of the rule of law in the EU and its member states. 2019. Disponível em: https://www.europarl.europa.eu/RegData/etudes/STUD/2019/608864/IPOL_STU(2019)608864_EN.pdf. Acesso em: 31 jan. 2022.

ressa ao presente trabalho, o mais relevante é a sua aplicação prévia, especificamente na calibração dos mecanismos de filtro/censura e na categorização dos usuários para fins de alinhamento de pacotes de conteúdo, direcionamento conforme perfil, inserção de publicidade direcionada, predição comportamental - tudo isso a partir da análise de conteúdo, sem uma real preocupação com o impacto ou a verossimilhança do assunto, já que o objetivo final é exercer controle (para ganho comercial ou político), revestido de uma aparência de *compliance* ético-legal.

A respeito desse problema, o Parlamento Europeu entende que o importante não é o conteúdo das comunicações em si, mas trabalhar para o fortalecimento da democracia e ajustar o regulamento aplicável às plataformas e redes sociais. Nesse sentido são as recomendações do estudo *Disinformation and propaganda - impact on the functioning of the rule of law in the EU and its member states*. O documento traz uma análise bem completa e criteriosa do tema, atentando-se, inclusive, para a prática de atos de manipulação com participação do governo.[78]

Como o objetivo desta análise é antropocêntrico, não há espaço para um estudo mais aprofundado dos conceitos e mecanismos envolvidos na manipulação e disseminação de conteúdo falso, sendo mais importante a verificação dos efeitos resultantes em termos de violação a direitos e garantias fundamentais relacionados direta ou indiretamente com a privacidade e a proteção de dados pessoais.

78 *Ibidem*.

Basta pensar no fenômeno das *deep fakes*,[79] que consistem, de modo simplificado, na fabricação de um conteúdo de mídia com o objetivo de ludibriar a audiência ou ridicularizar o "alvo". De um modo ou de outro, há manipulação informativa e violação à dignidade, ao direito de acesso à informação (correta). Ademais, há violação à proteção ao dado pessoal "imagem" e à reputação como informação. O *deep fake* é facilmente produzido e disseminado por meio da IA. Evidentemente, esse tipo de programa não foi necessariamente desenvolvido a partir de uma análise ético-valorativa que levasse em consideração a proteção aos direitos de personalidade ou aos dados pessoais.

Como se sabe, e sem entrar no mérito dessa decisão legislativa, a regra brasileira isenta os provedores pelo conteúdo produzido por terceiros. É a regra geral. De outro lado, exigem-se e esperam-se – como já mencionado – uma filtragem mínima (*notice-and-takedown*) e a disponibilização de canais de denúncias para os usuários (*notice-and-notice*, sujeita a *false reports*). Em ambos os casos (filtragem e análise de denúncias), o processo, não raro, é conduzido via IA em um panorama supersensível que tende a ser mais liberal do que restritivo, sob pena de penalização das plataformas por violação à liberdade de expressão – em contraposição ao controle de *fake news*, desinformação, discriminação etc.

A lógica é de que os provedores não são responsáveis pelo conteúdo de terceiros e não devem ser obrigados a monitorá-lo. No entanto, devem ser responsáveis por suas próprias ações,

79 FUTURE OF PRIVACY FORUM. **The Privacy Expert's Guide to Artificial Intelligence and Machine Learning**. 2018. Disponível em: https://fpf.org/wp-content/uploads/2018/10/FPF_Artificial-Intelligence_Digital.pdf. Acesso em: 31 jan. 2022.

já que transmitem e amplificam determinados conteúdos e suprimem outros, lidam com enormes quantidades de dados pessoais e facilitam a comunicação entre anunciantes, provedores de conteúdo e usuários – atividades que interferem claramente nos direitos humanos, incluindo o direito de receber informação, no sentido de "estar ciente da realidade" ou "não ser enganado".[80]

Os algoritmos facilitam a comunicação, mas têm um efeito profundo na forma como o conteúdo é percebido e em muitos outros aspectos da experiência de mídia social. As empresas atestam que continuam mudando seus algoritmos e, por razões de segredo comercial ou por serem propriedade intelectual, não podem expô-los publicamente. Apesar de o código do *software* não precisar ser revelado ao público, é possível requerer informações adicionais, com base nos princípios tratados no início deste trabalho, bem como oferecer opções aos usuários – o que já tem se verificado por meio das políticas e opções para o uso de *cookies*.

O processo subjacente de acumulação de grandes quantidades de dados pessoais põe em causa os princípios fundamentais da proteção de dados, como a limitação da finalidade e a minimização dos dados, e causa lesão a direitos políticos diretamente influenciados pela liberdade de expressão e pelo direito à informação.

80 EUROPEAN PARLIAMENT. Policy department for citizens' rights and constitutional affairs. **Disinformation and propaganda** – impact on the functioning of the rule of law in the EU and its member states. 2019. Disponível em: https://www.europarl.europa.eu/RegData/etudes/STUD/2019/608864/IPOL_STU(2019)608864_EN.pdf. Acesso em: 31 jan. 2022.

É importante lembrar, nesse sentido, que a privacidade e a autonomia são facetas da dignidade humana e que a AI programada nos *bots* e algoritmos se propõe especificamente a disseminar mensagens (micro) direcionadas (*micro targeting*) com base no perfil e na classificação do usuário (perfilamento ou *profiling*) – o que é profundamente prejudicial a esses direitos humanos.

De outro lado, mecanismos de IA também podem ser utilizados no combate ao terrorismo ou ao extremismo político por meio de reconhecimento facial, filtros de conteúdo na internet e remoção automática de conteúdo – situações não isentas de riscos, já que podem justificar superbloqueios (*overblocking*) de conteúdo.

A grande questão é: o que pensar das pessoas? São seres informados e capazes de discernimento a respeito do conteúdo ao qual estão expostas? Ou são vulneráveis que dependem dos provedores e do Estado para a censura prévia de informações? E o que dizer do fenômeno *Schadenfreude* (expressão alemã que literalmente se traduz como "alegria do dano" e expressa a estranha satisfação que os indivíduos sentem diante de infortúnios alheios)? Pesquisas sustentam a hipótese de que as notícias falsas gozam de mais popularidade e obtêm mais curtidas e compartilhamentos do que informações racionais e verdadeiras.[81]

O dilema da regulação (remoção) de conteúdo em oposição à liberdade de expressão é um dos diversos aspectos analisados pelo Parlamento Europeu na tentativa de entender a

81 *Ibidem.*

relação triangular entre democracia, lei e direitos fundamentais. Parece que a única solução efetiva para a garantia de estabilidade, nesse contexto, é o fortalecimento e o *enforcement* de valores.

Para tanto, é importante o fortalecimento de valores cívicos e democráticos por meio de uma educação de qualidade, em diversos níveis: treinamento apropriado para professores e profissionais da área de educação e disponibilização de literatura e informações a respeito de direitos humanos, tecnologia e ética.

O titular dos dados e usuário é o primeiro regulador das plataformas *on-line*. É importante que lhe sejam disponibilizados programas de inclusão e coesão social e oportunidades para (des)sensibilização quanto a desinformação e propaganda. O indivíduo precisa contribuir para a redução da polarização e da hostilidade *on-line* por meio da promoção de uma identidade social válida, o que depende, invariavelmente, da redução das desigualdades e do aumento das oportunidades para a população de modo amplo.

Há outro aspecto a ser considerado no cenário da moderação automatizada em oposição à manual: qual é o limite do razoável para a submissão de seres humanos no universo da triagem de conteúdos tóxicos e violentos *on-line*?

Em artigo publicado em fevereiro de 2019 e intitulado "*O andar do trauma: a vida secreta dos moderadores do Facebook na América*" (em tradução livre), o *site* The Verge relata a rotina de empregados a serviço de uma empresa chamada Cognizante, supostamente contratada pelo Facebook para moderação de conteúdo *on-line*, com cerca de mil empregados na sede de Phoenix, Arizona.[82] Embora a suposta contratada oferecesse serviço de terapia para os funcionários, estes desenvolviam comportamentos compulsivos, depressivos e autodestrutivos como resultado da exposição constante a suicídios, homicídios, pedofilia, violência e degradação humana. Além disso, muitos desses empregados acabavam se tornando vítimas psicológicas.[83]

O artigo explica que foram ouvidos relatos de pessoas que passaram a ter neurose de segurança por crer que o atentado de 9 de setembro de 2001 não foi mero ataque terrorista, enquanto outros acreditam que a Terra é plana ou que o Holocausto tem aspectos ocultos. Em 2018, o Facebook teria afirmado manter moderadores de conteúdo trabalhando em mais de 20 localidades do globo, em mais de 50 idiomas, cerca de 15 mil profissionais ao todo.[84]

Esse tipo de profissão, no mínimo deletéria (talvez mórbida), se situa na lacuna de soluções que permitem, se não a substituição humana pela máquina, uma filtragem prévia considerável do conteúdo a ser efetivamente revisado por seres humanos.

Indivíduos esclarecidos precisam se tornar desenvolvedores, usuários, legisladores e fiscais de uma IA bem-informada e

82 NEWTON, C. The trauma floor: The secret lives of Facebook moderators in America. **The Verge.** 25 de fevereiro de 2019. Disponível em: https://www.theverge.com/2019/2/25/18229714/cognizant-facebook-content-moderator-interviews-trauma-working-conditions-arizona. Acesso em: 14 mar. 2022.

83 *Ibidem.*

84 *Ibidem.*

construída. A moderação de conteúdo é um exemplo de situação em que a IA pode ser aplicada de modo positivo.

3.6.2. Predição comportamental e perfilamento

A predição comportamental é uma aplicação da IA a partir da coleta e análise de um volume enorme de dados pessoais (*big data*), com o propósito de determinar, por meio de algoritmos complexos e *machine learning*, literalmente, o comportamento humano. Esse uso da tecnologia é bem menos glamoroso do que o modelo preditivo das obras de ficção, como o filme *Minority Report*, mas tem se mostrado incrivelmente acurado e útil.

Se a predição comportamental é uma das ferramentas mais valiosas do *marketing* atual, seus usos são muito mais amplos do que o fomento de vendas e serviços, na medida em que predizem perfis de consumo ou de saúde, com impactos potenciais gravíssimos na vida de um indivíduo.

Decisões envolvendo algoritmos na indústria médico-hospitalar, por exemplo, podem determinar o nível de cautela (*risk assessment*) em um exame radiológico, de modo que o laudo resultante do estudo pode indicar tratamento farmacológico (favorecendo a indústria farmacêutica) ou intervenção cirúrgica (potencialmente prejudicando a indústria farmacêutica). É um dilema ético-moral e uma realidade consolidada.

Na era pré-IA, tratamentos diferenciais só podiam ser baseados em informações extraídas de interações individuais e avaliações humanas. Na era da IA, tratamentos diferenciais podem ser baseados em grandes quantidades de dados que permitem previsões probabilísticas e podem acionar algoritmicamente respostas predeterminadas.

A possibilidade de a IA realizar previsões precisas sobre a dinâmica social fornece um poderoso incentivo para a massiva coleta de dados pessoais, o que, por si só, representa riscos, porquanto tais dados podem ser utilizados de forma abusiva para fins de política, controle e discriminação, ou até mesmo *hackeados* e comercializados, sobretudo quando o poder público, sujeito a licitações e restrições orçamentárias, não fornece a segurança da informação e a infraestrutura adequadas.

Com efeito, a utilização de IA no Judiciário e em processos decisórios pela administração pública está no centro de polêmicas que questionam até o desempenho de preditores automatizados tendenciosos.[85] De outro lado, ditos sistemas prometem previsão mais precisa e justa, porquanto podem ser calibrados para reconhecer a justiça e beneficiar um número muito maior de pessoas.

A predição também pode aumentar as desigualdades sociais, em vez de possibilitar soluções projetadas para superá-las. O exemplo clássico é o *scoring*, que pode apenas dificultar a aquisição de bens e de facilidades financeiras – se voltado à proteção do crédito –, como pode aumentar os custos de seguros, inviabilizar empréstimos, empregos, aquisição de moradia própria ou até de novas amizades.[86]

85 ARTICLE 19. **Algorithms and automated decision-making in the context of crime prevention**. 2016. Disponível em: https://www.article19.org/data/files/medialibrary/38579/Algorithms-and-Automated-Decision-Making-in-the-Context-of-Crime-Prevention-Final.pdf. Acesso em: 31 jan. 2022.

86 Como se observa no *case* da China segundo abordagem e entrevista no filme documentário **Coded Bias**, disponibilizado pela Netflix.

A aplicação da predição comportamental no *marketing* é particularmente relevante, como antecipado. É possível elaborar campanhas e anúncios para atingir consumidores de forma individual e personalizada graças ao rastreamento abrangente e à análise demográfica avançada. Tais mecanismos são combinados a ferramentas sofisticadas que monitoram e medem a resposta individual a mensagens. O tempo que a pessoa demora em cada anúncio, o padrão de cliques e a velocidade de rolagem do *feed*, tudo é monitorado. Com isso, recursos de personalização de conteúdo, de fato, influenciam e manipulam o público-alvo.

Ferramentas de geração de linguagem natural podem, ainda, ser aliadas à microssegmentação, gerando automaticamente conteúdo para usuários únicos com base nos *insights* da máquina sobre suas características pessoais, psicológicas e outras. A tecnologia é aplicada a *chatbots* comerciais, como assistentes de compras pessoais ou buscadores.

Como resultado, nota-se que a predição comportamental pode ser inquietante por vários motivos: pelo volume de dados pessoais necessário; pelas consequências que as análises – não necessariamente precisas e seguras – podem ter na vida das pessoas; pelo efeito rebote potencial do *score* (de que aqueles que estão mal qualificados não recebam oportunidade nenhuma de se reerguer); pelo potencial para manipular pessoas (inclusive indivíduos com problemas psicológicos que sejam mais suscetíveis, como pessoas com comportamentos compulsivos e pródigos); e pelo potencial discriminatório e ampliador de desigualdades.

Para ilustrar, por fim, a falibilidade dos algoritmos, por mais sofisticados que sejam, vale a pena mencionar o caso do robô Tay, perfil desenvolvido pela Microsoft em março de 2016 para interagir nas redes sociais:

> Além dos dados pré-estabelecidos, a Inteligência Artificial adquiria mais informações à medida que se relacionava com outros perfis nas redes, principalmente no Twitter. O público-alvo buscado pela Microsoft foi de jovens entre 18 e 24 anos. Em menos de 24 horas no ar, a robô passou a emitir mensagens de cunho preconceituoso, racista, homofóbico e extremadas, como ataques ao presidente dos Estados Unidos, à época Barack Obama, e outras homenageando e comentando feitos históricos de Hitler. O perfil foi rapidamente desativado pela empresa, que mais tarde emitiu notas de justificação, acrescentando que a tecnologia precisava de reparos [...] é possível afirmar que o perfil Tay desrespeitou princípios como o respeito pela autonomia humana, violando diversas integridades mentais ao dispensar tratamentos dignos a sujeitos que são morais por direito. Como o desenvolvimento de IA se pauta no empoderamento humano, é necessário que os sistemas estejam sob rígida vigilância humana.[87]

A experiência da Microsoft com o perfil Tay é icônica. Apesar de refletir um momento anterior a diversas diretrizes éticas, serve de paradigma da complexidade do relacionamento e do comportamento humano, lembrando que, por mais sofisticado, explicável e adepto a empreender que um programa seja, o ser humano é único e precisa ser respeitado como tal.

87 PEREIRA, A. C. de S. *et al.* Inteligência artificial e direitos humanos: impactos e dilemas éticos atuais. **Homa Publica**, v. 4, n. 1, 2020. Disponível em: https://periodicos.ufjf.br/index.php/HOMA/article/view/30504. Acesso em: 31 jan. 2022.

3.6.3. Discriminação algorítmica e vieses (bias)

Ao lado do discurso de ódio e das *fake news*, a discriminação é um dos principais problemas atuais de conformidade ético-moral (e legal) no mundo *on-line*. A questão é que, diferentemente dos primeiros, o preconceito é também um desafio real no mundo físico, um problema estrutural de praticamente todas as sociedades globais e um dilema em particular no Brasil em razão da herança escravagista e do tratamento histórico dispensado à população negra, a mulheres, a indígenas e a outras minorais.

Como a tecnologia é criada por determinados grupos de pessoas ou empresas com interesses específicos, sistemas baseados em IA costumam reproduzir comportamentos discriminatórios dos próprios programadores, que, entretanto, estão alheios a eles. E por se tratar de uma questão estrutural, é possível que a discriminação resulte de análises inocentes, como delimitação geográfica.

A Amazon enfrentou esse problema há alguns anos com a opção de entrega gratuita no mesmo dia para usuários de seu serviço Prime. A opção simplesmente não estava disponível para determinados *zip codes*. Embora não haja evidências de que a restrição nas entregas tenha origem racial, na prática, os *zip codes* excluídos correspondiam a minorias étnicas/raciais por uma questão estrutural: a maioria das regiões com clientes que aderiram ao Amazon Prime eram bairros de maioria branca, onde se concentrava melhor poder aquisitivo.[88]

88 INGOLD, D.; SOPER, S. **Amazon Doesn't Consider the Race of Its Customers.** Should It? Bloomberg. 2016. Disponível em: https://www.bloomberg.com/graphics/2016-amazon-same-day/. Acesso em: 31 jan. 2022.

Nos Estados Unidos, em especial, a identidade racial está intimamente relacionada ao endereço das pessoas em virtude de uma herança histórica e da opressão racial contemporânea. Desse modo, um algoritmo que decide conceder ou não um empréstimo ou frete grátis com base no *zip code* está indiretamente decidindo com base na raça. Essa redundância é transferida para o código da máquina que vai aprender (*learning machine*) a explorar esse tipo de informação, propagando a discriminação indireta.

A questão é que dados sensíveis, como informações sobre raça, religião, orientação sexual ou posicionamento político, podem ser processados de forma discriminatória, ainda que inadvertidamente. Por isso os programas e algoritmos envolvidos com tratamento de dados pessoais precisam ser revisados constantemente por seres humanos, ainda que rodem de modo automatizado.

Nesse sentido, Lily Hu, estudiosa de vieses algorítmicos, explica que há dois tipos de vieses: o estatístico e o que reproduz uma realidade social em si mesmo. Se o algoritmo exibe viés estatístico, significa que ele está produzindo parâmetros ou previsões sistematicamente distorcidos de como a realidade é. No entanto, se reflete uma realidade, significa que os sistemas de IA não consideram situações específicas de pessoas ou grupos marginalizados, o que pode se dar por uma diversidade de motivos, um deles o fato de que o tipo de dado identificador dessa peculiaridade pode ser considerado irrelevante e não sujeito a tratamento – ou até desconsiderado para facilitar a conformidade legal.[89]

89 VRENDERBURGH, K; Hu, L. Module 2 Unit 2 Lesson Podcast 1 Transcript. Algorithmic bias. London School of Economics and Political Science (LSE).

Quando se fala em viés, o primeiro exemplo que vem à mente é a falha nos algoritmos que não identificavam pessoas negras. Nesse caso, o que acontece é um problema no conjunto de dados, uma questão de precisão (*accuracy*). A solução é técnica: passa por coletar mais exemplos de tons de pele escuros para treinar o algoritmo a ser mais preciso – o que ele não consegue fazer se não tiver acesso a todos os dados necessários.

Mas o preconceito racial ou de gênero nos sistemas algorítmicos nem sempre encontra solução técnica. Existe um aspecto ético e moralmente problemático quando a IA apenas reflete a vida como ela é. Pessoas negras e brancas, homens e mulheres, experimentam diferenças sistematicamente em diversos setores da vida, independentemente da aplicação de IA.

O primeiro tipo de viés, estatístico, consiste, pois, em um reflexo da realidade empírica sobre o algoritmo. Já o segundo tipo de preconceito reflete uma injustiça social que não poderá ser remediada com aumento da coleta de dados ou treinamento do algoritmo. O sistema funciona. Ele simplesmente espelha ou captura as verdadeiras correlações sociais, por exemplo, o fato de pessoas negras reincidirem ou serem presas mais que as brancas ou residirem em regiões mais marginalizadas; ou mulheres ganharem menos do que homens e ocuparem menos cargos de direção.

A grande questão é se o sistema, por refletir a verdade, funciona ou não.

Ethics of AI (course). Badge de conclusão. 2021. Disponível em: https://lse.credential.getsmarter.com/6671dc86-132f-42a8-90f4-debf355b-3f57#gs.exzjz5. Acesso em: 29 out. 2021

Parece que seria moralmente questionável negar o problema, inclusive do ponto de vista dos direitos e garantias fundamentais, da privacidade e da proteção de dados pessoais. É preciso trabalhar para implementar, de fato, mecanismos de justiça social e racial.

Nesse caso, a melhor forma de consertar a assimetria é com mais assimetria. Uma estrutura neutra quanto à raça não vai funcionar na programação dessa IA, porque a realidade não é neutra quanto à raça.

3.6.4. Vigilância, reconhecimento facial e manipulação comportamental

> Surveillance capitalism has gradually constituted itself during the last decade, embodying a new social relations and politics that have not yet been well delineated or theorized. While "big data" may be set to other uses, those do not erase its origins in an extractive project founded on formal indifference to the populations that comprise both its data sources and its ultimate targets.[90]

Para além da vigilância *on-line*, realizada mediante coleta de volumes de *big data*, a vigilância física, por meio de circuitos de câmeras públicos e privados é causa de constante preocupação dos titulares e organizações que atuam para representar seus interesses.

---

90 ZUBOFF, S. Big Other: Surveillance Capitalism and the Prospects of an Information Civilization. **Journal of Information Technology**, n. 30, p. 75-89, April 4, 2015. doi:10.1057/jit.2015.5, Disponível em: https://ssrn.com/abstract=2594754. Acesso em: 15 mar. 2022.

Sem entrar no mérito das justificativas – que podem ir desde segurança a aprimoramento e maximização na produção –, o fato é que trata-se de uma situação escassamente regulada e amplamente estabelecida.

A intercessão entre vigilância humana e IA é a possibilidade de utilização da segunda para fins de reconhecimento facial e monitoramento civil. Note-se que a biometria facial funciona a partir da superposição de vetores sobre fotografias e filmagens para a identificação de indivíduos. O resultado pode ser menos ou mais preciso de acordo com a quantidade e a qualidade de dados disponíveis (*input*) para análise e cruzamento de informações, bem como pela implementação de soluções que aumentem a acurácia, permitindo a identificação de minorias com características físicas menos comuns.

A China utiliza atualmente tecnologia de monitoramento por vídeo em praticamente toda a extensão das grandes cidades, bem como na organização dos sistemas de *score* que são interligados com funcionalidades da vida cotidiana, como acesso a transporte público, consulta de terminais de informação públicos e pagamentos em geral.[91]

Apesar da situação paradigmática da China, a vigilância em massa se tornou uma ferramenta capitalista para negócios. De fato, Shoshana Zuboff cunhou a expressão "capitalismo de vigilância" para se referir à monetização de dados adquiridos a

91 Imagens e informações disponíveis no documentário *Coded Bias* (2020), dirigido por Shalini Kantayya e disponível na Netflix para assinantes. 2020, 85 mim, 14 anos, EUA.

partir do monitoramento dos titulares[92] por grandes empresas – especialmente *net-states* –, o que apresenta relação intuitiva com os temas anteriormente abordados de predição comportamental, perfilamento e práticas preconceituosas decorrentes da sobreposição de interesses econômicos a interesses humanos e sociais.

Uma das consequências desse monitoramento em massa, ao qual Zuboff chama "capitalismo de vigilância", é a possibilidade de manipulação comportamental de grupos ou da sociedade como um todo. A partir dos dados coletados e analisados pelos sistemas de vigilância em massa, é possível intervir e modificar comportamentos humanos, o que significaria uma transição da automação informativa para a automação humana.[93]

Esse tipo de resultado se alcança com o *design* de conteúdos que visam produzir ignorância e podar a conscientização individual, eliminando a capacidade de autodeterminação – e com ela a dignidade. As consequências desse processo na democracia, nos valores que ela representa instintivamente, rementem ao conhecido episódio envolvendo a Cambridge Analytica.

Com a eclosão da guerra entre Rússia e Ucrânia, em 24 de fevereiro de 2022, o mundo passou a assistir um tipo de conflito que vai muito além do poderio militar e das estratégias bélicas.

92 ZUBOFF, S. Big Other: Surveillance Capitalism and the Prospects of an Information Civilization. **Journal of Information Technology,** n. 30, p. 75-89, April 4, 2015. Disponível em: https://ssrn.com/abstract=2594754. Acesso em: 15 mar. 2022.

93 NAUGHTON, J. The goal is to automate us': welcome to the age of surveillance capitalism. **The Guardian.** 20 de janeiro de 2019. Disponível em: https://www.theguardian.com/technology/2019/jan/20/shoshana-zuboff-age-of-surveillance-capitalism-google-facebook. Acesso em: 15 mar. 2022

Diversas empresas norte-americanas paralisaram ou encerraram as atividades na Rússia, que passou a sofrer embargos ou ameaças de sanções econômicas de vários países. Plataformas digitais não ficaram indenes à disputa e precisam atender à "lei de desembarque" para criar pessoas jurídicas sediadas no país. O governo russo censurou de modo veemente as informações em circulação no país, levando milhões de cidadãos a aderir a serviços VPN.

Para contornar a censura às redes sociais tradicionais, como Instagram, TikTok e Facebook, milhões de pessoas em todo o mundo passaram a utilizar aplicativos de classificação de restaurantes e anúncios de compras e vendas.[94] Em meados de março de 2022, o ministro da Defesa ucraniano passou a utilizar tecnologia de reconhecimento facial de Peter Thiel (Clearview) para coletar fotos em *sites* de mídia social e montar uma base de dados com cerca de dez bilhões de imagens. Acredita-se que essa base será utilizada para vetar pessoas nos *check-points*, identificar mortos, reunir refugiados com suas famílias e identificar operativos russos.

A situação rapidamente provocou reações e se mostrou fonte de preocupação para os estudiosos de privacidade e proteção de dados. Além do receio com a identificação equivocada e suas repercussões, questiona-se a legalidade do tratamento como um todo, tanto pelas regras dos Estados Unidos quanto pelas da Europa.[95]

94 BRANDÃO, E. Ativistas usam anúncios para burlar firewall e dar notícias da guerra. **GizModo**. 7 de março de 2022. Disponível em: https://gizmodo.uol.com.br/ativistas-usam-anuncios-para-burlar-firewall-e-dar-noticias-da-guerra/. Acesso em: 15 mar. 2022.

95 DURDEN, T. Ukraine Using Thiel-Backed Clearview AI Facial Recognition During Russia Invasion. **Zero Hedge**. 14 de março de 2022. Disponível

A guerra russo-ucraniana serve de poderoso lembrete para a sociedade como um todo de que invenções criadas e ideias expostas não podem ser apagadas, como a flecha atirada que não volta atrás.

3.6.5. O metaverso e o futuro

Em 2021, o Facebook, um dos principais *players* no mercado de tecnologia, mudou o nome de sua *holding*, que passou a se chamar Meta. A ação antecipa a próxima tendência tecnológica: a exploração do chamado metaverso. A realidade virtual (VR) e a realidade aumentada (AR), que são conceitos ainda abstratos e intangíveis para muitos, estão prestes a sofrer um *upgrade* digno das obras de ficção científica. O metaverso combina VR e AR para criar um mundo virtual nos moldes de recentes obras de ficção científica, como *Matrix* e *Westworld*. A IA está no DNA do metaverso, tanto como essência metafísica quanto como energia "vital" criativa e regulatória – a metáfora adequada talvez seja mais próxima da concepção grega: a IA representa o Olimpo e os deuses do metaverso.

A construção e a manutenção de um metaverso depende da atuação de desenvolvedores, artistas, roteiristas, filósofos e eticistas, além de gestores, juristas, analistas, profissionais de *marketing* e uma série de outras funções, algumas das quais possivelmente nem existam ainda. O potencial de impacto social e humano da efetiva implementação e adesão em massa ao metaverso ainda está no campo da especulação, mas, possivel-

em: https://www.zerohedge.com/technology/ukraine-using-thiel-backed-clearview-ai-facial-recognition-during-russia-invasion. Acesso em: 15 mar. 2022.

mente, abre uma nova frente, além das formas tradicionais de impacto na vida e no comportamento das pessoas, a exemplo do que se vê com a imersão nas redes sociais, especialmente dos jovens.

Com o metaverso, nasce a possibilidade de que as pessoas desenvolvam mais de um avatar (representações suas "reais" que, na verdade, podem ser tão ou mais fabricadas do que o que se observa hoje nas redes sociais, pela possibilidade de objetivos como a perfeição física e a aptidão social serem simulados); além de avatares outros, de gêneros, raças, planetas, compleição física excêntrica para a realização de fetiches, experimentação de aventuras e até cometimento de crimes.

O potencial do metaverso não está claro ainda. Além da imersão em mundos artificiais, é possível que, com a utilização de *gadgets*, como *oculuses*, que viabilizem a fusão entre a realidade e a metarrealidade, as pessoas possam caminhar na rua e trabalhar ao lado de indivíduos logados no metaverso com a aparência física de um homem-lagarto. O idioma também não será mais uma barreira, já que no metaverso a IA poderá, em um futuro próximo, processar a linguagem de acordo com o usuário. Nada está descartado.

Mas a tecnologia também permite o acesso amplo a cultura, museus, cidades, ruínas e templos. Pode possibilitar o acesso quase presencial a salas de aula nas grandes universidades, revolucionando a educação a distância. O treinamento profissional de médicos, por exemplo, pode atingir um nível de precisão e de profundidade nunca imaginado. A distância física entre pessoas em ambientes acadêmicos, profissionais, culturais e religiosos pode se tornar momentaneamente esquecida diante da interação holográfica.

As possibilidades são entusiasmantes. De repente, o consumidor poderia ir a uma loja virtual para comprar produtos, efetivamente, examinando prateleiras e lendo as embalagens. O treinamento e o ensino, de modo geral, seriam revolucionados. O aluno poderia passear pelo Louvre ou aprender sobre guerra e eventos históricos em geral como se estivesse nos bastidores de um filme. Os mecânicos, pilotos, motoristas, médicos e engenheiros poderiam aprender, atuando em modelos perfeitos e sentindo o frio do metal ou o calor do corpo humano.

Evidentemente, a concretização dessas e de outras projeções depende de um volume absurdo de dados a ser coletado e analisado, estruturado e manipulado. Quanto mais dados obtiver, melhor o metaverso funcionará. O tratamento frenético de dados pessoais dependerá de políticas internas, regras, normas, manuais, regulamentos e conscientização. A chance de que o mundo inteiro chegue a um consenso regulatório a respeito da IA a tempo de construir um metaverso baseado nele é bem questionável.

O que existe agora, imediatamente, enquanto esse movimento se inicia e se expande, são os valores amplos (previstos no polêmico Projeto de Lei n. 21/2020), mas, sobretudo, as regras vigentes para a proteção dos direitos fundamentais, especialmente quanto à privacidade e à proteção de dados. O desenvolvimento ético da IA que cimentará o metaverso depende, em grande parte, de um alinhamento valorativo que leve em consideração a dignidade da pessoa humana e os limites morais no tratamento dos dados pessoais que servirão de alicerce da nova realidade.

É preciso ponderar com muita cautela os impactos da IA tanto nos seres humanos – pessoas naturais – quanto em todas as manifestações metafísicas e emocionais que cada indivíduo terá no metaverso. Tal reflexão remete a questões filosóficas e éticas muito complexas, como consentimento para contato (meta)físico, proibição a homicídio e proteção da vida: até que ponto o metaverso é como um *videogame*? E a partir de que momento se torna ou não mais do que isso?

Os meios físicos para a materialização do metaverso em toda a sua capacidade ainda não existem, mas estão em rota de materialização. Muitas das tecnologias em construção há anos (*blockchain*, VR, AR, sensores, câmeras, 5G) agora estão se unindo – embora ainda seja necessário desenvolver equipamentos e aprimorar a tecnologia –, e deverá demorar um tempo até que tais recursos sejam acessíveis às massas.[96]

Os desafios, além do alinhamento valorativo e do desenvolvimento de máquinas moralmente responsáveis, são, em parte, similares aos já enfrentados hoje no campo da proteção de dados e, em parte, muito mais ousados: como evitar o preconceito (especialmente estrutural); como treinar a IA para entender e refletir positivamente nas disparidades sociais não estatísticas; como garantir a observância de princípios como transparência, *accuracy*, explicabilidade; que fazer com a opacidade; como limitar potenciais problemas (*sandboxes*); como evitar *fakes* e fraudes; como resguardar direitos como autoria, propriedade e até saúde. Além disso, como regular a interação entre humanos e robôs em um ambiente no qual são virtualmente idênticos e como processar a responsabilidade dos robôs e dos avatares enquanto versões digitais de uma pessoa real?

96 WOODIE, A. The future of the Metaverse + AI and Data Looks Bright. **Datanami**. 7 de janeiro de 2022. Disponível em: https://www.datanami.com/2022/01/07/the-future-of-metaverse-ai-and-data-looks-bright/. Acesso em: 1º fev. 2022.

CONCLUSÕES

Mass effects and their reactions are of course more pronounced in the leading nations than in more backward and primitive communities. In Great Britain, the United States, Germany, and France, the decline in personal pre--eminence is much more plainly visible than in societies which have less wealth, less power, less freedom. The great emancipated nations seem to have become largely independent of famous guides and guardians. They no longer rely upon the Hero, the Commander, or the Teacher as they did in bygone rugged ages, or as the less advanced peoples do today. They wend their way ponderously, unthinkingly, blindly, but nevertheless surely and irresistibly towards goals which are ill-defined and yet magnetic. Is it then true that civilization and democracy, when sufficiently developed, will increasingly dispense with personal direction; that they mean to find their own way for themselves; and that they are capable of finding the right way? Or are they already going wrong? Are they off the track? Have they quitted the stern, narrow high-roads which alone lead to glorious destinies and survival? Is what we now scc in the leading democracies merely a diffusion and squandering of the accumulated wisdom and treasure of the past? Are we blundering on together in myrlad companies, like innumerable swarms of locusts, chirping and devouring towards the salt sea, or towards some vast incinerator of shams and fallacies? Or have we for the first time reached those uplands whence all of us, even the humblest and silliest equally with the best, can discern for ourselves the beacon lights? Surely such an inquiry deserves an idle hour.

In no 'ield of man's activities is the tendency to mass effects and the suppression of the individual more evident than

> in modern war. The Armageddon through which we have recently passed displays the almost complete elimination of personal guidance. It was the largest and the latest of all wars. It was also the worst, the most destructive, and in many ways the most ruthless. Now that it is over we look back, and with minute and searching care seek to find its criminals and its heroes. Where are they? Where are the villains who made the War? Where are the deliverers who ended it? Facts without number, growing libraries, clouds of contemporary witnesses, methods of assembling and analyzing evidence never before possessed or used among men are at our disposal. The quest is keen. We ought to know; we mean to know. Smarting under our wounds, enraged by our injuries, amazed by our wonderful exertions and achievements, conscious of our authority, we demand to know the truth, and to fix the responsibilities. Our halters and our laurels are ready and abundant.
>
> But what is the answer? There is no answer.[1]

Em primeiro lugar, e antes de mais nada, é importante compreender que este trabalho, ao fim e ao cabo, constitui necessário mapeamento a respeito da importância de um alinhamento ético para desenvolvimento e uso da IA. Para tanto, se fez um recorte ilustrativo do argumento em um panorama de proteção de dados pessoais e privacidade a partir das regras vigentes e de princípios e valores humanos e constitucionais que se relacionam com a matéria.

1 AMERICA'S NATIONAL CHURCHILL MUSEUM. **Mass Effects in Modern Life, 1925** (speeches). Disponível em: https://www.nationalchurchillmuseum.org/mass-effects-in-modern-life.html. Acesso em: 1º fev. 2022.

Significa dizer que as conclusões a respeito da regulação ética da IA a partir de regras positivadas e princípios constitucionais é viável, inclusive, em outros campos do direito - não apenas no que toca à proteção de dados pessoais.

Evidentemente, um passo importante na jornada que conduzirá a um alinhamento valorativo e ao desenvolvimento e utilização de uma IA ética é o enfrentamento das realidades sociais e das limitações imediatas do poder público e também da iniciativa privada. Com isso, interesses privados passam a ocupar um lugar de destaque no desenvolvimento da IA, que não é – e talvez nem possa ser – sindicada pelo Estado.

O desenvolvimento exponencial da tecnologia, assim, fez a humanidade se confrontar com um novo modelo normativo que é apenas parcialmente - ou em nada - vinculado ao poder público, na medida em que a regulação precoce ou mesmo contemporânea se transformou em uma impossibilidade. Por isso, a Câmara dos Deputados, no Brasil, aprovou projeto de lei que se coloca no papel de "carta principiológica", um "simples" pontapé inicial condutor de uma regulamentação setorial técnica e horizontal.

Diante dessa realidade prática, a presente investigação esclarece que, sem prejuízo da regulação específica - seja ela extensa ou orientativa –, a sociedade está munida de garantias e direitos outros que, de modo diagonal, já bastam à regulação parcial ou mesmo suficiente da IA, especialmente naquilo que diz respeito à proteção dos dados pessoais e da privacidade dos titulares de dados.

Isso porque, como se sabe, a IA é tão precisa quanto os dados (*big data*) que a alimentam. Sendo assim, quanto mais informações o algoritmo coleta e analisa, mais precisas e eficientes são suas respostas. Acontece que – e isso também não é novidade – o maior volume desses dados advém dos indivíduos e, por isso, é preciso garantir que as máquinas conciliem sua necessidade de tratamento de dados com os direitos e as garantias individuais dos titulares afetados.

A maneira mais intuitiva de alcançar o equilíbrio e resguardar os titulares de dados pessoais não é a instituição de uma regulação de IA, mas a compatibilização entre o desenvolvimento e a utilização da IA com as normas e os princípios já vigentes de proteção de dados, privacidade e dignidade (manifestação da autonomia humana).

O papel da ética, nessa equação, é instrumentalizar tal compatibilização – servindo, ao mesmo tempo, de linguagem comum entre a tecnologia, o direito e a filosofia; e também de motivadora e mobilizadora da indústria, dos desenvolvedores – na montagem – e dos juristas – na tradução das circunstâncias em uma realidade de consequências e valores jurídicos.

É provável e desejável que a relação entre a IA e o direito se torne profundamente entrelaçada até mesmo pela incorporação de normas legais – e, antes disso, de direitos humanos – nos algoritmos por *design*. A grande questão, ou dúvida, é: como regular sem engessar e como regulamentar antes do obsoletismo?

Sendo assim, a hipótese que este trabalho se dedicou a analisar é a utilização da ética como facilitador no relacionamento direito-tecnologia, mais precisamente entre normas sobre proteção de dados e IA, sabendo que não é papel nem interesse da ética se imiscuir nas funções do sistema jurídico.

A IA, pois, não tem carta-branca para se desenvolver ao arrepio dos direitos e garantias fundamentais ou em desarmonia com o sistema jurídico. É certo que há regras aplicáveis ao desenvolvimento e uso da tecnologia, especialmente em se tratando da IA, literalmente estruturada a partir da análise de dados (pessoais).

A ética, ao contrário do princípio da precaução, por exemplo, é uma linguagem universal, comum à tecnologia e ao direito, mas também à engenharia, à mecânica, à medicina, à agricultura etc. É natural que as discussões sobre programações e uso de máquinas inteligentes em todos esses setores e em tantos outros encontre no debate ético e nos valores morais um *common ground* para formação de consensos.

Vive-se a aurora de um novo mundo – ou de novos mundos e metaverso. Que tipo de mundos serão esses, depende de escolhas que a humanidade fará até lá. Dilemas como o envolvimento dos algoritmos na moderação de conteúdo, disseminação de desinformação e do discurso de ódio, da predição comportamental e da discriminação devem ser endereçados por meio de ações concretas e planejadas que representem um engajamento multissetorial e público-privado.

A abordagem ética das medidas aplicáveis – judiciais e extrajudiciais – às ameaças e aos valores filosóficos e jurídicos ameaçados é a medida mais eficiente no curto-médio prazo para garantir uma IA humano-centrada e humano-direcionada. A partir da construção de ecossistemas éticos para a preservação de valores sociais e garantias humanas, por meio da aplicação de regras de direito vigentes, se pavimentará o caminho para o futuro debate sobre direitos dos robôs e dos humanos digitais, dos avatares e das personalidades *on-line*.

A ideia é unir máquinas e mentes, aproveitando o que ambas têm a oferecer de melhor, com vistas a desenvolvimento, dignidade, acesso à informação, redução das desigualdades, fortalecimento da democracia, produção de riquezas, superação de desafios climáticos, alimentação global, evolução fármaco-médica, redução de custos de produção, aprimoramento da indústria, melhoria no transporte etc.

Não há dúvida de que o método regulatório – ou o modelo regulatório – é importante, assim como é importante assegurar a autoridade estatal e fiscalizar a atuação de atores privados e de agentes morais artificiais. Tais providências formais, porém, realmente, perdem toda a importância no contexto de uma sociedade esvaziada, deprimida, dividida e falida.

Por isso, antes de mais nada, o resultado do desenvolvimento da tecnologia – e da IA – deve refletir os valores e os conceitos que fazem a preservação da humanidade um fim em si e uma meta harmonizável com o desenvolvimento e a geração de riquezas.

REFERÊNCIAS

ABBOUD, Georges; CAMPOS, Ricardo. A autorregulação regulada como modelo do direito proceduralizado: regulações de redes sociais e proceduralização. *In*: ABBOUD, Georges; NERY JÚNIOR, Nelson; CAMPOS, Ricardo. **Fake news e regulação**. São Paulo: Thomson Reuters, 2020.

ACEMOGLU, D. AI's Future Doesn't Have to Be Dystopian. **Boston Review**. 2021. Disponível em: https://bostoew.net/forum/ais-future-doesnt-have-to-be-dystopian/. Acesso em: 01 fev. 2022.

AGÊNCIA SENADO. **Pacheco devolve MP que dificultava retirada de conteúdo da internet**. 14 de setembro de 2021. Disponível em: https://www12.senado.leg.br/noticias/materias/2021/09/14/pacheco-devolve-mp-que-dificultava-retirada-de-conteudo-da-internet. Acesso em: 31 out. 2021.

AMERICA'S NATIONAL CHURCHILL MUSEUM. **Fifty years hence, 1931** (speeches). Disponível em: https://www.nationalchurchillmuseum.org/fifty-years-hence.html. Acesso em: 1º fev. 2022.

AMERICA'S NATIONAL CHURCHILL MUSEUM. **Mass Effects in Modern Life, 1925** (speeches). Disponível em: https://www.nationalchurchillmuseum.org/mass-effects-in-modern-life.html. Acesso em: 1º fev. 2022.

ANDREWS, Neil. **O moderno processo civil.** Tradução de Teresa Arruda Alvim Wambier. 2. ed. São Paulo: Revista dos Tribunais, 2012.

ARTICLE 19. **Algorithms and automated decision-making in the context of crime prevention**. 2016. Disponível em: https://www.article19.org/data/files/medialibrary/38579/Algorithms-and-Automated-Decision-Making-in-the-Context-of-Crime-Prevention-Final.pdf. Acesso em: 31 jan. 2022.

AUTORIDADE NACIONAL DE PROTEÇÃO DE DADOS – ANPD (Brasil). **Como proteger seus dados pessoais:** guia do núcleo de proteção de dados do Conselho Nacional de Defesa do Consumidor em parceria com a ANPD e a SENACON. [s. d.]. Disponível em: https://www.gov.br/anpd/pt-br/documentos-e-publicacoes/arquivos-de-documentos-de-publicacoes/guia-do-consumidor_como-proteger-seus-dados-pessoais-final.pdf Acesso em: 29 jan. 2022.

AUTORIDADE NACIONAL DE PROTEÇÃO DE DADOS – ANPD (Brasil). **Comunicação de incidentes de segurança.** 2021. Disponível em: https://www.gov.br/anpd/pt-br/assuntos/incidente-de-seguranca. Acesso em: 29 jan. 2022.

AUTORIDADE NACIONAL DE PROTEÇÃO DE DADOS – ANPD (Brasil). **Guia orientativo de tratamento de dados pessoais pelo poder público**. 2022. Disponível em: https://www.gov.br/anpd/pt-br/documentos-e-publicacoes/guia-poder-publico-anpd-versao-final.pdf. Acesso em: 29 jan. 2022.

AUTORIDADE NACIONAL DE PROTEÇÃO DE DADOS – ANPD (Brasil). **Guia orientativo de segurança da informação para agentes de tratamento de pequeno porte.** 2021. Disponível em: https://www.gov.br/anpd/pt-br/documentos-e-publicacoes/guia-vf.pdf. Acesso em: 29 jan. 2022.

AUTORIDADE NACIONAL DE PROTEÇÃO DE DADOS – ANPD (Brasil). **Guia orientativo para definições dos agentes de tratamento de dados pessoais e do encarregado.** 2021. Disponível em: https://www.gov.br/anpd/pt-br/documentos-e-publicacoes/2021.05.27GuiaAgentesdeTratamento_Final.pdf. Acesso em: 29 jan. 2022.

AUTORIDADE NACIONAL DE PROTEÇÃO DE DADOS – ANPD (Brasil). **Petição de titular**. 2021. Disponível em: https://www.gov.br/anpd/pt-br/canais_atendimento/cidadao--titular-de-dados/peticao-de-titular-contra-controlador--de-dados. Acesso em: 29 jan. 2022.

AUTORIDADE NACIONAL DE PROTEÇÃO DE DADOS – ANPD (Brasil). **Resolução CD/ANPD n. 1,** de 28 de outubro de 2020. Disponível em: https://www.in.gov.br/en/web/dou/-/resolucao-cd/anpd-n-1-de-28-de-outubro--de-2021-355817513. Acesso em: 29 jan. 2022.

AUTORIDADE NACIONAL DE PROTEÇÃO DE DADOS/ TRIBUNAL SUPERIOR ELEITORAL – ANPD/TSE. **Guia orientativo para aplicação da Lei Geral de Proteção de Dados (LGPD) por agentes de tratamento de dados no contexto eleitoral**. 2021. Disponível em: https://www.gov.br/anpd/pt br/assuntos/noticias/guia_lgpd_final.pdf. Acesso em: 20 jan. 2022.

BARROSO, L. R. A dignidade da pessoa humana no direito constitucional contemporâneo: natureza jurídica, conteúdos mínimos e critérios de aplicação. **Interesse Público**, [Recurso Eletrônico], v. 14, n. 76, nov./dez. 2012. Disponível em: http://dspace/xmlui/bitstream/item/4836/PDIexibepdf.pdf?sequence=1. Acesso em: 23 jan. 2022.

BARROSO, L. R. **O direito constitucional e a efetividade de suas normas**: limites e possibilidades da Constituição Brasileira. 5. ed. Rio de Janeiro: Renovar, 2001.

BAYAMLIOGLU, E.; BARALIUC, I.; JANSSENS, L.; HILDEBRANDT, M. (ed.). **Being profiled**: *cogitas ergo sum*: 10 Years of Profiling the European Citizen. Amsterdam: Amsterdam University Press; 2018. Disponível em: https://doi.org/10.1515/9789048550180-016. Acesso em: 1º fev. 2022.

BICKERT, M., FISHMAN, B. **How we counter terrorism**. 15 de junho de 2017. Disponível em: https://newsroom.fb.com/news/2017/06/how-we-counter-terrorism/. Acesso em: 31 jan. 2022.

BIONI, B.; LUCIANO, M. **O princípio da precaução na regulação da inteligência artificial:** seriam as leis de proteção de dados o seu portal de entrada? [s. d.]. Disponível em: https://brunobioni.com.br/home/wp-content/uploads/2019/09/Bioni-Luciano_O-PRINCI%CC%81PIO-DA-PRECAUC%CC%A7A%CC%83O-PARA-REGULAC%CC%A7A%CC%83O-DE-INTELIGE%CC%82NCIA-ARTIFICIAL-1.pdf. Acesso em: 20 jan. 2022.

BONNEFON, J. F.; SHARIFF, A.; RAHWAN, I. The social dilemma of autonomous vehicles. **Science**, v. 352, p. 1573-1576, Jun. 2016. Disponível em: https://www.science.org/doi/abs/10.1126/science.aaf2654. Acesso em: 28 out. 2021.

BRADBURY, Ray. **Beyond 1984**: The People Machines. First published in Cities: The Forces That Shape Them (Rizzoli, 1982) per Yestermorrow.

BRASIL. Câmara Federal. **Parecer de Plenário pelas Comissões de Ciência e Tecnologia, Comunicação e Informática, Trabalho, de Administração e Serviço Público e Constituição e Justiça e de Cidadania ao Projeto de Lei n. 21, de 2020**. 2021. Disponível em: https://www.camara.leg.br/proposicoesWeb/prop_mostrarintegra?codteor=2068016&filename=Tramitacao-PL+21/2020. Acesso em: 20 jan. 2022.

BRASIL. Câmara Federal. **Substitutivo ao PL n. 21/2020**. 2021. Disponível em: https://www.camara.leg.br/proposicoesWeb/prop_mostrarintegra?codteor=2082139&filename=PPP+1+CCTCI+%3D%3E+PL+21/2020. Acesso em: 31 out. 2021

BRASIL. **Decreto n. 10.474,** de 26 de agosto de 2020. Disponível em: https://www.in.gov.br/en/web/dou/-/decreto-n-10.474-de-26-de-agosto-de-2020-274389226. Acesso em: 24 jan. 2022.

BRASIL. **Lei Federal n. 12.965**, de 23 de abril de 2014. Estabelece princípios, garantias, direitos e deveres para o uso da Internet no Brasil. Disponível em: http://www.planalto.gov.br/ccivil_03/_ato2011-2014/2014/lei/l12965.htm. Acesso em: 23 jan. 2022.

BRASIL. **Lei n. 12.414,** de 9 de junho de 2011. Lei do Cadastro Positivo. Disponível em: http://www.planalto.gov.br/ccivil_03/_ato2011-2014/2011/lei/l12414.htm. Acesso em: 29 jan. 2022.

BRASIL. **Lei n. 12.527,** de 19 de novembro de 2011. Lei da Transparência. Disponível em: http://www.planalto.gov.br/ccivil_03/_ato2011-2014/2011/lei/l12527.htm. Acesso em: 29 jan. 2022.

BRASIL. **Lei n. 13.709,** de 14 de agosto de 2018. Lei Geral de Proteção de Dados Pessoais (LGPD). Disponível em: http://www.planalto.gov.br/ccivil_03/_ato2015-2018/2018/lei/l13709.htm. Acesso em: 29 jan. 2022.

BRASIL. **Lei n. 8.078,** de 11 de setembro de 1990. Código de Defesa do Consumidor (CDC). Disponível em: http://www.planalto.gov.br/ccivil_03/leis/l8078compilado.htm. Acesso em: 29 jan. 2022.

BRASIL. **Lei n. 9.504,** de 30 de setembro de 1997. Estabelece normas para as eleições. Disponível em: http://www.planalto.gov.br/ccivil_03/leis/l9504.htm#art57b. Acesso em: 30 jan. 2022.

BRASIL. Ministério da Ciência, Tecnologia e Inovações. **Estratégia Brasileira de inteligência artificial - EBIA.** [s. d.]. Disponível em: https://www.gov.br/mcti/pt-br/acompanhe-o-mcti/transformacaodigital/inteligencia-artificial. Acesso em: 20 de jan. 2022.

BRASIL. **Parecer/CN n. 1/2019,** da Comissão Mista da Medida Provisória n. 869, de 2018, que altera a Lei n. 13.709, de 14 de agosto de 2018, para dispor sobre a proteção de dados pessoais e para criar a Autoridade Nacional de Proteção de Dados, e dá outras providências. Presidente: Senador Eduardo Gomes. Relator: Deputado Orlando Silva. Relator Revisor: Senador Rodrigo Cunha. 07.052019, p. 44. Disponível em: https://www.camara.leg.br/proposicoesWeb/prop_mostrarintegra;jsessionid=node0rd1i38h46yc31ck4xld4vtp3w38747315.node0?codteor=1703516&filename=MPV+869/2018. Acesso em: 30 jan. 2022.

BRASIL. Presidência da República. **Portaria n. 01,** de 8 de março de 2021. Regimento Interno da ANPD. Disponível em: https://www.in.gov.br/en/web/dou/-/portaria-n-1-de-8-de-marco-de-2021-307463618. Acesso em: 29 jan. 2022.

BRASIL. Superior Tribunal de Justiça. ***Habeas Data* n. 002.** *HABEAS DATA*. AUSÊNCIA DE POSTULAÇÃO ADMINISTRATIVA. I – Ante a ausência de pleito administrativo, suficiente a configurar relutância da administração a atender o pedido, sofre o Habeas Data de "ausência do interesse de agir". II – Pedido não conhecido. Rel. Min. Pedro Acioli. 8.8.1989. Publicação no *Diário da Justiça* de 4 de setembro de 1989. Disponível em: https://bdjur.stj.jus.br/jspui/bitstream/2011/112918/HD_2.pdf. Acesso em: 22 fev. 2022.

BRASIL. Tribunal Superior Eleitoral. **Resolução n. 23.674**, de 16 de dezembro de 2021. Disponível em: https://www.tse.jus.br/legislacao/compilada/res/2021/resolucao-no-23-674-de-16-de-dezembro-de-2021. Acesso em: 30 jan. 2022.

BRONOWKI, J. **Science and human values**. New York: Harper & Brothers, 1959.

BUOLAMWINI, J., **How I'm fighting bias in algorithms**. 2016. Disponível em: https://www.ted.com/talks/joy_buolamwini_how_i_m_fighting_bias_in_algorithms. Acesso em: 31 jan. 2022.

BURRELL, J. How the machine 'thinks': understanding opacity in machine learning algorithms. **Big Data & Society**. 2016. Disponível em: https://doi.org/10.1177%2F2053951715622512. Acesso em: 20 jan. 2022.

CGI.br, nic.br e cert.br. **Fascículo Proteção de Dados.** [s. d.]. Disponível em: https://cartilha.cert.br/fasciculos/protecao-de-dados/fasciculo-protecao-de-dados.pdf. Acesso em: 29 jan. 2022.

CGI.br, nic.br e cert.br. **Fascículo Vazamento de Dados.** [s. d.]. Disponível em: https://cartilha.cert.br/fasciculos/vazamento-de-dados/fasciculo-vazamento-de-dados.pdf. Acesso em: 29 jan. 2022.

CHACON ROSAS, E. M. Alcance resultados, mas não se esqueça dos propósitos: a dignidade, a ética e os elevados fins. *In*: **Advocacia 4.0**. MALDONADO, Viviane; FEIGELSON, Bruno (coord.). São Paulo: Thompson Reuters Brasil, 2019. p. 199-221.

CHACON ROSAS, E. M. Resistência do direito à tecnologia: uma análise teubniana de comunicação e regulação. **The Law, State and Telecommunications Review/Revista de Direito, Estado e Telecomunicações**. Brasília, v. 10, n. 2, p. 67-102, outubro de 2018. Disponível em: https://periodicos.unb.br/index.php/RDET/article/view/21494/19810. Acesso em: 31 dez. 2021.

CHINA BRIEFING. **Recommendation Algorithm Regulations** – Bolstering China's Cybersecurity Regime. 2022. Disponível em: https://www.china-briefing.com/news/recommendation-algorithm-regulations-china-cybersecurity-regime/. Acesso em: 31 out. 2021

COELHO, F. U. Sabe aquilo que chamávamos de privacidade? **Folha de S. Paulo**. 21 de agosto de 2008. Disponível em: https://www1.folha.uol.com.br/fsp/opiniao/fz2108200808.htm. Acesso em: 29 jan. 2022.

COMISSÃO EUROPEIA. **Data Act.** 2022. Disponível em: https://ec.europa.eu/commission/presscorner/detail/en/ip_22_1113. Acesso em: 23 fev. 2022.

COMISSÃO EUROPEIA. **Proposta de Decisão do Parlamento Europeu e do Conselho que estabelece o programa para 2030 intitulado "Guião para a Década Digital".** 2021. Disponível em: https://eur-lex.europa.eu/legal-content/PT/TXT/?uri=CELEX:52021PC0574. Acesso em: 24 fev. 2022.

COMISSÃO EUROPEIA. **Proposta de regulamento do Parlamento Europeu e do Conselho que estabelece regras harmonizadas em matéria de Inteligência Artificial (Regulamento Inteligência Artificial) e altera determinados Atos Legislativos da União.** 2021. Disponível em: https://eur-lex.europa.eu/legal-content/PT/TXT/HTML/?uri=CELEX:52021PC0206&from=EN. Acesso em: 31 out. 2021.

CONEXIS. **Sistema de Autorregulação das Telecomunicações (SART).** [s. d.]. Disponível em: https://conexis.org.br/autorregulacao/sart/institucional/sobre-o-sart/. Acesso em: 28 jan. 2022.

CONJUR. **Especialistas criticam responsabilidade subjetiva prevista no PL do marco da IA.** 2021. Disponível em: https://www.conjur.com.br/2021-out-27/especialistas-questionam-artigo-pl-marco-legal-ia. Acesso em: 24 fev. 2022.

CONJUR. **Marco Legal da Inteligência Artificial:** ponderações sobre a responsabilidade civil. 2022. Disponível em: https://www.conjur.com.br/2022-fev-22/opiniao-marco-

-inteligencia-artificial-responsabilidade-civil. Acesso em: 24 fev. 2022.

DESCARTES, René. **Discurso sobre o método**, 1637.

DIAKOPOULOS, N. **Nicholas Diakopoulos** – transparency and the ethics of AI [Video file]. 2019. Disponível em: https://www.youtube.com/watch?v=ki8hlBODkZI. Acesso em: 20 jan. 2022

DONEDA, D. **Da privacidade à proteção de dados pessoais**. Rio de Janeiro: Renovar, 2006.

DONEDA, Danilo Cesar Maganhoto; MENDES, Laura Schertel; SOUZA, Carlos Affonso Pereira de; ANDRADE, Norberto Nuno Gomes de. Considerações iniciais sobre inteligência artificial, ética e autonomia pessoal. **Pensar**, Fortaleza, v. 23, n. 4, 1-17, out./dez. 2018. Disponível em: https://periodicos.unifor.br/rpen/article/view/8257/pdf. Acesso em: 14 mar. 2020.

DWORKIN, R. **Justiça para ouriços**. Coimbra: Almedina, 2012.

EUROPEAN COMISSION. **A definition of AI:** main capabilities and scientific disciplines. 2018. Disponível em: https://ec.europa.eu/futurium/en/system/files/ged/ai_hleg_definition_of_ai_18_december_1.pdf. Acesso em: 21 out. 2021

EUROPEAN COMISSION. **Ethics Guidelines for Trustworthy AI.** 2018. Disponível em: https://ec.europa.eu/futurium/en/ai-alliance-consultation.1.html. Acesso em: 27 out. 2021.

EUROPEAN PARLIAMENT. Policy Department for citizens' rights and Constitutional affairs. **Disinformation and propaganda** – impact on the functioning of the rule of law in the EU and its member states. 2019. Disponível em: https://www.europarl.europa.eu/thinktank/en/document/IPOL_STU(2019)608864. Acesso em: 22 fev. 2022.

EVANS, WG. The motivation to be ethical. **SADJ,** v. 71, n. 7, p. 329, August 2016. Disponível em: http://www.scielo.org.za/pdf/sadj/v71n7/11.pdf. Acesso em: 26 jan. 2022.

FEINBERG, Kenneth R. The Dalkon Shield Claimants Trust. **Law and Contemporary Problems**, v. 53, n. 4, p. 79-112, 1990.

FERRETTI, T. An Institutionalist Approach to AI Ethics: Justifying the Priority of Government Regulation over Self-Regulation. **Moral Philosophy and Politics**. 2020. Disponível em: https://www.degruyter.com/document/doi/10.1515/mopp-2020-0056/html. Acesso em: 31 out. 2021.

FERRETTI, T. **An Institutionalist Approach to AI Ethics:** Justifying the Priority of Government Regulation over Self-Regulation. 2021. Disponível em: https://www.degruyter.com/document/doi/10.1515/mopp-2020-0056/html. Acesso em: 31 out. 2021.

FIX-FIERRO, Héctor. **Courts, Justice and Efficiency:** A Socio-Legal Study of Economic Rationality in Adjudication. London: Hart Publishing, 2003.

FLORÊNCIO, J. A. **Proteção de dados na cultura do algoritmo**. 2019. Tese (Doutorado em Direito) – Programa de Estudos Pós-Graduados em Direito, Pontifícia Universidade Católica de São Paulo, São Paulo/SP, 2019. Disponível em: https://repositorio.pucsp.br/jspui/handle/handle/22255. Acesso em: 29 jan. 2022.

FLORIDI, L. *et al.* AI4People – An Ethical Framework for a Good AI Society: Opportunities, Risks, Principles, and Recommendations. **Minds and Machines**, v. 28, n. 1, 2018. Disponível em: https://www.researchgate.net/publication/329192820_AI4People-An_Ethical_Framework_for_a_Good_AI_Society_Opportunities_Risks_Principles_and_Recommendations. Acesso em: 14 fev. 2022.

FLORIDI, L. Information ethics: on the philosophical foundation of computer ethics. **Ethics and Information Technology,** v. 1, n. 1, p. 33-52, 1999. Disponível em: https://www.researchgate.net/publication/226918142_Information_Ethics_On_the_Philosophical_Foundation_of_Computer_Ethics. Acesso em: 14 fev. 2022.

FLORIDI, L. Is Semantic Information Meaningful Data? **Philosophy and Phenomenological Research**, v. LXX, n. 2, p. 351-370, 2005. Disponível em: http://philsci-archive.pitt.edu/2536/1/iimd.pdf. Acesso em: 14 fev. 2022

FLORIDI, L. **The Onlife Manifesto.** 2014. Disponível em: https://doi.org/10.1007/978-3-319-04093-6_2. Acesso em: 14 fev. 2022.

FLORIDI, L. What Is the Philosophy of Information. **Metaphilosophy**. 2002. Disponível em: https://www.researchgate.net/publication/225070243_What_Is_the_Philosophy_of_Information. Acesso em: 13 fev. 2022.

FLORIDI, L.; SANDERS, J. On the Morality of Artificial Agents. **Minds and Machines**, v. 14, p. 349-379, 2004. Disponível em: https://doi.org/10.1023/B:MIND.0000035461.63578.9d. Acesso em: 14 fev. 2022.

FREITAS, Tainá. Como o Mercado Livre atingiu 98,9% de "desjudicialização" na resolução de conflitos. **Associação Brasileira de Lawtechs & Legaltechs**. 28 de maio de 2019. Disponível em: https://ab2l.org.br/como-o-mercado-livre-atingiu-989-de-desjudicializacao-na-resolucao-de-conflitos/. Acesso em: 8 de abr. de 2021.

FUTURE OF PRIVACY FORUM. **The Privacy Expert's Guide to Artificial Intelligence and Machine Learning**. 2018. Disponível em: https://fpf.org/wp-content/uploads/2018/10/FPF_Artificial-Intelligence_Digital.pdf. Acesso em: 31 jan. 2022.

FUTURISM. **Kurzweil accelerating intelligence**. Ray Kurzweil in the Press. 2017. Disponível em: http://www.kurzweilai.net/futurism-ray-kurzweil-claims-singularity-will-happen-by-2045. Acesso em: 28 out. 2021.

GABARDO, Emerson. **Princípio constitucional da eficiência administrativa.** São Paulo: Dialética, 2002

GABRIEL, I. Artificial Intelligence, Values, and Alignment. **Minds and Machines**, v. 30, p. 411-437, 2020. Disponível em: https://doi.org/10.1007/s11023-020-09539-2. Acesso em: 27 out. 2021.

GABRIEL, I. GHAZAVI, V. The Challenge of Value Alignment: from Fairer Algorithms to AI Safety. **The Oxford Handbook of Digital Ethics**. 2021. Disponível em: https://arxiv.org/abs/2101.06060. Acesso em: 27 out. 2021.

GASSER, U. **AI and the Law:** Setting the Stage. 2017. Disponível em: https://medium.com/berkman-klein-center/ai-and-the-law-setting-the-stage-48516fda1b11. Acesso em: 31 jan. 2022.

GIMPEL, L. **Talking about Big Data: The Challenge of Privacy & Data Protection in International Development**. 2017. Disponível em: http://blogs.die-gdi.de/2017/09/08/talking-about-big-data/. Acesso em: 31 jan. 2022.

GOOGLE. **AI at Google: our principles.** 2018. Disponível em: https://blog.google/technology/ai/ai-principles/. Acesso em: 31 jan. 2022.

GORZONI, P. **Inteligência Artificial**: Riscos para direitos humanos e possíveis ações. [s. d.]. Disponível em: https://itsrio.org/wp-content/uploads/2019/03/Paula-Gorzoni.pdf. Acesso em: 30 jan. 2022.

GOV.BR. **Senado Federal aprova proposta de Emenda à Constituição 17 (PEC 17/2019) que inclui a proteção de dados pessoais no rol de direitos e garantias fundamentais**. 2021. Disponível em: https://www.gov.br/anpd/pt-br/assuntos/noticias/senado-federal-aprova-proposta-de-emenda-a-constituicao-17-pec-17-2019-que-inclui-a-protecao-de-dados-pessoais-no-rol-de-direitos-e-garantias-fundamentais. Acesso em: 27 jan. 2022.

GREEN, L. Legal Positivism. **The Stanford Encyclopedia of Philosophy,** Spring 2018 Edition. Disponível em: https://plato.stanford.edu/archives/spr2018/entries/legal-positivism/. Acesso em: 8 mar. 2019.

GREENLEAF, G. Data Privacy Authorities, 2017. Growing Significance of Global Networks. 146 Privacy Laws & Business International Report, 14, **UNSWLRS** 44, 2017. Disponível em: http://www5.austlii.edu.au/au/journals/UNSWLRS/2017/44.pdf. Acesso em: 02 fev. 2022.

GUERRA, G. 'Esqueça a privacidade e venda seus dados', diz ex--CEO da Sun Microsystems. **Terra**. 28 de janeiro de 2022. Disponível em: https://www.terra.com.br/noticias/tecnologia/esqueca-a-privacidade-a-solucao-e-a-propriedade--de-dados,32a2a644d97d854fc5fef689dff43128od0r0ii2.html. 2022. Acesso em: 29 jan. 2022.

HAO, K. Stop talking about AI ethics. It's time to talk about power. **MIT Technology Review**. 23 de abril de 2021. Disponível em: https://www.technologyreview.com/2021/04/23/1023549/kate-crawford-atlas-of-ai--review/. Acesso em: 28 out. 2021.

HARARI, Y. N. **Homo Deus:** uma breve história do amanhã. Tradução Paulo Geiser. São Paulo: Companhia das Letras, 2015.

HEATH, J. **Morality, competicion, and the Firm:** the Market Failures Approach to Business Ethics. Oxford: Oxford University Press. 2014.

HUANG, Karen; GREENE, Joshua D.; BAZERMAN, Max. Veil-of-ignorance reasoning favors the greater good. **Proceedings of the National Academy of Sciences (PNAS)**, v. 116, n. 48, p. 23989-23995, 2019. Disponível em: https://www.pnas.org/content/116/48/23989.full. Acesso em: 27 out. 2021.

HUGHES, E. **A Cypherpunk´s Manifesto**, 1993. Disponível em: https://nakamotoinstitute.org/static/docs/cypherpunk--manifesto.txt. Acesso em: 28 out. 2021.

INFORMATION COMMISSIONER'S OFFICE – ICO. **Legal framework**. [s. d.]. Disponível em: https://ico.org.uk/

for-organisations/guide-to-data-protection/key-data-protection-themes/explaining-decisions-made-with-artificial-intelligence/part-1-the-basics-of-explaining-ai/legal-framework/ Acesso em: 20 jan. 2022.

INGOLD, D.; SOPER, S. **Amazon Doesn't Consider the Race of Its Customers.** Should It? Bloomberg. 2016. Disponível em: https://www.bloomberg.com/graphics/2016-amazon-same-day/. Acesso em: 31 jan. 2022.

JOERGES, Christian; SAND, Inge-Johanne; TEUBNER, Gunther (eds.). **Constitutionalism and Transnational Governance**. Oxford Press, 2004. Disponível em: https://ssrn.com/abstract=876941. Acesso em: 4 dez. 2017.

JOLLS, Christine; SUNSTEIN, Cass R.; THALER, Richard. A behavioral approach to law and economics. **Stanford Law Review**, p. 1471-1550, 1998.

JORNAL OFICIAL DA UNIÃO EUROPEIA. **General Data Protection Regulation**. 27 de abril de 2016. Disponível em: https://eur-lex.europa.eu/legal-content/PT/TXT/HTML/?uri=CELEX:32016R0679&from=EN. Acesso em: 29 jan. 2022.

KANT, Immanuel. **Fundamentação da metafísica dos costumes**. Tradução de Paulo Quintela. São Paulo: Abril Cultural, 1980.

KAPLOW, Louis; SHAVELL, Steven. Economic Analysis of Law. Harvard Law School. **Handbook of Public Economics,** Volume 3, Edited by A.J Auerbach and M. Feldstein. Elsevier Science B. V, 2002.

KATSH, Ethan. Online dispute resolution. In: **The Handbook of Dispute Resolution.** San Francisco, CA: Jossey-Bass, 2005.

KNIJNIK, Danilo. Os standards do convencimento judicial: paradigmas para o seu possível controle. **Revista Forense**, v. 353, n. 353, p. 15-52, 2001.

KURZWEIL, Ray. Futurism. **Kurzweil accelerating intelligence**. 2017. Disponível em: http://www.kurzweilai.net/futurism-ray-kurzweil-claims-singularity-will-happen-by-2045. Acesso em: 28 out. 2021.

LARA, R. Partidos protocolam ação no Supremo contra MP que altera Marco Civil da Internet. **CNN Brasil**. 7 de setembro de 2021. Disponível em: https://www.cnnbrasil.com.br/politica/partidos-protocolam-acao-no-supremo-contra-mp-que-altera-marco-civil-da-internet/. Acesso em: 31 out. 2021.

LESSIG, L. Code is Law. On liberty in cyberspace. **Harvard Magazine**, 2000. Disponível em: http://harvardmagazine.com/2000/01/code-is-law-html. Acesso em: 31 out. 2021.

LESSIG, L. **Code version 2.0.** Edição eletrônica. New York: Basic Books, 2006. Disponível em: http://codev2.cc/. Acesso em: 22 jun. 2019.

LIMA. K. OAB vai ao STF para derrubar MP de Bolsonaro que limita poder das redes sociais. **Olhar Digital**. 14 de setembro de 2021. Disponível em: https://olhardigital.com.br/2021/09/14/internet-e-redes-sociais/oab-vai-ao-stf-para-derrubar-mp-de-bolsonaro-que-limita-poder-das-redes-sociais/. Acesso em: 31 out. 2021.

LONDON SCHOOL OF ECONOMICS AND SOCIAL POLITCS (LSE). **Ethics of AI** (course). Badge de conclusão. 2021. Disponível em: https://lse.credential.getsmarter.com/6671dc86-

132f-42a8-90f4-debf355b3f57#gs.exzjz5. Acesso em: 29 out. 2021.

MACHIAVELLI, Nicoló. **O príncipe**. Edição eletrônica. Ed. Ridendo Castigat Mores. 1515.

MACLURE, Jocelyn. AI, Explainability and Public Reason: The Argument from the Limitations of the Human Mind. **Minds and Machines**, v. 31, p. 421-438, 2021. Disponível em: https://link.springer.com/article/10.1007/s11023-021-09570-x?fbclid=IwAR0AVi1irh5iFJtDC5uqoaDzU-41pUxGm282tsJtYF0Y2FLZGALIrGzIjeXU. Acesso em: 28 out. 2021.

MANN, G.; O'NEIL, C. Hiring Algorithms Are Not Neutral. **Harvard Business Review** 2016. Disponível em: https://hbr.org/2016/12/hiring-algorithms-are-not-neutral. Acesso em: 31 jan. 2022.

MARCUSE, Hebert. **The One-Dimensional Man**, 1968.

MAY. T. C. **The Crypto-Anarchist Manifesto**, 1992. Disponível em: https://groups.csail.mit.edu/mac/classes/6.805/articles/crypto/cypherpunks/may-crypto-manifesto.html. Acesso em: 28 out. 2021.

MENDES, G.; COELHO, I.; BRANCO, P. **Curso de direito constitucional.** São Paulo: Saraiva, 2009.

MENDES, Gilmar; COELHO, Inocêncio Mártires; BRANCO, Paulo Gustavo Gonet. **Curso de direito constitucional.** 4. ed. rev. e atual. São Paulo: Saraiva, 2009.

MENDES, L. S. Projeto de Lei da Inteligência Artificial: armadilhas à vista. **O Globo**. 26 de novembro de 2021. Disponível em: https://blogs-oglobo-globo-com.cdn.ampproject.org

/c/s/blogs.oglobo.globo.com/fumus-boni-iuris/post/amp/laura-schertel-mendes-pl-da-inteligencia-artificial--armadilhas-vista.html. Acesso em: 30 jan. 2022.

MICELI, Thomas J. **The social versus private incentive to sue**. Edward Elgar Publishing Limited, 2008.

MILLER, K. HAI Fellow Kate Vredenburgh. The right to an explanation. **HAI Stanford University Human-Centered Artificial Intelligence**. 24 de junho de 2020. Disponível em: https://hai.stanford.edu/news/hai-fellow-kate-vredenburgh-right-explanation. Acesso em: 20 jan. 2022.

MITTELSTADT, B. *et al.* The Ethics of Algorithms: Mapping the Debate. **Big Data & Society**, p. 1-21, 2016. Disponível em: https://journals.sagepub.com/doi/full/10.1177/2053951716679679. Acesso em: 15 fev. 2022.

MUGGAH, R. **Countries are so last-century. Enter the 'net state'.** 2017. Disponível em: https://lindinitiative.ubc.ca/2017/11/robert-muggah-countries-last-century-enter-net-state/. Acesso em: 4 fev. 2019.

NAGLER, J.; VAN DEN HOVEN, J.; HELBING, D. **An Extension of Asimov's Robotics Laws.** 2018. Disponível em: https://link.springer.com/chapter/10.1007%2F978-3-319-90869-4_5. Acesso em: 28 out. 2021.

NAUGHTON, J. The goal is to automate us': welcome to the age of surveillance capitalismo. **The Guardian.** 20 de janeiro de 2019. Disponível em: https://www.theguardian.com/technology/2019/jan/20/shoshana-zuboff-age-of-surveillance-capitalism-google-facebook. Acesso em: 15 mar. 2022.

NEWTON, C. The trauma floor: The secret lives of Facebook moderators in America. **The Verge.** 25 de fevereiro de 2019. Disponível em: https://www.theverge.com/2019/2/25/18229714/cognizant-facebook-content-moderator-interviews-trauma-working-conditions-arizona. Acesso em 14 mar. 2022

ORGANIZAÇÃO DAS NAÇÕES UNIDAS – ONU. Assembleia Geral da ONU. **Declaração Universal dos Direitos Humanos** (217 [III] A). Paris, 1948. Disponível em: http://www.un.org/en/universal-declaration-human-rights/. Acesso em: 23 jan. 2022.

ORGANIZAÇÃO DAS NAÇÕES UNIDAS PARA A EDUCAÇÃO, A CIÊNCIA E A CULTURA – UNESCO. **First draft of the recommendation on the ethics of artificial intelligence**. 2020. Disponível em: https://unesdoc.unesco.org/ark:/48223/pf0000373434. Acesso em: 20 jan. 2022.

ORGANIZAÇÃO DAS NAÇÕES UNIDAS PARA A EDUCAÇÃO, A CIÊNCIA E A CULTURA – UNESCO. **UNESCO launches worldwide online public consultation on the ethics of artificial intelligence**. 15 de julho de 2020. Disponível em: https://en.unesco.org/news/unesco-launches-worldwide-online-public-consultation-ethics-artificial-intelligence. Acesso em: 20 jan. 2022.

ORGANIZAÇÃO PARA A COOPERAÇÃO E DESENVOLVIMENTO ECONÔMICO – OCDE. **Recomendação do Conselho de Inteligência Artificial (OECD/LEGAL/0449)**. 2019. Disponível em: https://legalinstruments.oecd.org/en/instruments/OECD-LEGAL-0449. Acesso em: 27 out. 2021.

PACHECO devolve MP que dificultava retirada de conteúdo da internet. **Agência Senado**. 14 de setembro de 2021. Disponível em: https://www12.senado.leg.br/noticias/materias/2021/09/14/pacheco-devolve-mp-que-dificultava-retirada-de-conteudo-da-internet. Acesso em: 31 out. 2021.

PASQUALE, F. **From Territorial to Functional Sovereignty: The Case of Amazon**. 2018. Disponível em: https://www.opendemocracy.net/en/digitaliberties/from-territorial--to-functional-sovereignty-case-of-amazon/. Acesso em: 27 jan. 2022.

PEREIRA, A. C. de S.; BRUNO, A. L. B.; AZEVEDO, A. M. de; PINHEIRO, C. da R.; CAMPOS, L. M. H.; ORNELLAS, N. V. A.; PAIXÃO, V. P. Inteligência artificial e direitos humanos: impactos e dilemas éticos atuais. **Homa Publica**, v. 4, n. 1, 2020. Disponível em: https://periodicos.ufjf.br/index.php/HOMA/article/view/30504. Acesso em: 31 jan. 2022.

POSNER, Richard A. An economic approach to legal procedure and judicial administration. **The Journal of Legal Studies**, v. 2, n. 2, p. 399-458, 1973.

POSNER, Richard A. **Economic analysis of law**. Wolters Kluwer. Law & Business. 3. ed. 1986.

POSNER, Richard A. **The economics of justice.** Harvard University Press, 1983.

RAWLS, John. **A Theory of Justice**. Revised Edition. Cambridge, MA: Harvard University Press: 1999.

REICHMAN, A; SARTOR, G. **Algorithms and Regulation.** Constitutional Challenges in the Algorithmic Society.

Cambridge: Cambridge University Press. Disponível em: https://www.cambridge.org/core/books/constitutional-challenges-in-the-algorithmic-society/831B39F76C7870B3300 52D852D598F98#fndtn-contents. Acesso em: 27 jan. 2022.

ROBERT F KENNEDY HUMAN RIGHTS – RFK. **Legacy Education Project.** [s. d.]. Disponível em: https://rfklegacycurriculum.wordpress.com/labor-rights-resources-for-teachers/. Acesso em: 30 jan. 2022.

ROSNAY, M. D. Peer-To-Peer Law: Distribution as a Design Principle for Law. **London School of Economics and Political Science (LSE)**, n. 31, 2014. Disponível em: https://www.lse.ac.uk/media-and-communications/assets/documents/research/working-paper-series/EWP31.pdf. Acesso em: 28 out. 2021.

SANDEL, Michael. **Justice:** what's the right thing to do? New York: Farrar, Straus and Giroux, 2009.

SILVA. B. M. Discurso de ódio nas normativas transnacionais de empresas de mídias sociais: uma abordagem acerca das possibilidades da autorregulação regulada. **Brazilian Journal of International Relations, BJIR**, v. 9, n. 2, p. 405-433, 2020. Disponível em: https://revistas.marilia.unesp.br/index.php/bjir/article/view/9317 Acesso em: 16 jan. 2022.

SIMITIS, S. **Reviewing privacy in an information society**. 1987. Disponível em: https://scholarship.law.upenn.edu/cgi/viewcontent.cgi?article=3952&context=penn_law_review. Acesso em: 29 jan. 2022.

SIMONCINI, A.; LONGO, E. **Fundamental Rights and the Rule of Law in the Algorithmic Society.** Constitutional Challenges in the Algorithmic Society. Cambridge: Cambridge University Press. 2021. Disponível em: https://www.cambridge.org/core/books/constitutional-challenges-in-the-algorithmic--society/831B39F76C7870B330052D852D598F98#fndt-n-contents. Acesso em: 27 jan. 2022.

SIMONITE, T. Google's AI guru wants computers to think more like brains. **Wired Magazine**. 12 de dezembro de 2018. Disponível em: https:// www.wired.com/story/googles--ai-guru-computers-think-more-like-brains/. Acesso em: 28 out. 2021.

SINGER, A. Justice Failure: Efficiency and Equality in Business Ethics. **Academia Edu**. 2016. Disponível em: https://www.academia.edu/21605041/Justice_Failures_Efficiency_and_Equality_in_Business_Ethics. Acesso em: 31 out. 2021.

STEVENS, Y. **The Promises and Perils of Artificial Intelligence:** Why Human Rights and the Rule of Law Matter. 2017. Disponível em: https://medium.com/@ystvns/the-promises-and-perils-of-artificial-intelligence-why-human-rights-norms-and-the-rule-of-law-40c57338e806. Acesso em: 31 jan. 2022.

SULLINS, J. Information Technology and Moral Values. **The Stanford Encyclopedia of Philosophy**. Winter 2018 Edition. 2012. Disponível em: https://plato.stanford.edu/archives/win2018/entries/it-moral-values/. Acesso em: 28 fev. 2019.

SULLINS, J. P. When is a robot a moral agent? **International Review of information Ethics**, v. 6, p. 23-30, 12/2006. Disponível em: https://scholarworks.calstate.edu/downloads/fj2362670?locale=en. Acesso em: 1º fev. 2022.

SUSSKIND, Richard. **Online Courts and The Future of Justice.** Oxford: Oxford University Press, 2019.

TEUBNER, G. ***Constitutionalising Polycontexturality***. 2010. Disponível em: https://www.jura.uni-frankfurt.de/42852930/Generic_42852930.pdf. Acesso em: 20 de jan. 2022.

TEUBNER, G. Direito e teoria social: três problemas. **Tempo Social**, v. 27, n. 2, p. 75-101, 2015. Disponível em: http://dx.doi.org/10.1590/0103-2070201524. Acesso em: 31 out. 2021.

TEUBNER, Gunther; KARAVAS, Vaios. The Horizontal Effect of Fundamental Rights on 'Private Parties' within Autonomous Internet Law. **Constellations: An International Journal of Critical and Democratic Theory**, v. 12, n. 2, 2005. Disponível em: http://onlinelibrary.wiley.com/doi/10.1111/j.1351-0487.2005.00415.x/abstract. Acesso em: 31 out. 2021.

UNITED NATION DEVELOPMENT PROGRAMME – UNDP. **The SDGS in action**. [s. d.]. Disponível em: https://www.undp.org/sustainable-development-goals. Acesso em: 28 out. 2021.

VINUESA, R. *et al.* The role of artificial intelligence in achieving the Sustainable Development Goals. **Nature Communications**, v. 11, n. 233, 2020. Disponível em: https://doi.org/10.1038/s41467-019-14108. Acesso em: 28 out. 2021.

VRENDERBURGH, K. Democracy. Module 1 Unit 1 Lesson Video 1 Transcript. London School of Economics and Political

Science (LSE). **Ethics of AI** (course). Badge de conclusão. 2021. Disponível em: https://lse.credential.getsmarter.com/6671dc86-132f-42a8-90f4-debf355b3f57#gs.exzjz5. Acesso em: 29 out. 2021.

VRENDERBURGH, K; Hu, L. Module 2 Unit 2 Lesson Podcast 1 Transcript. Algorithmic bias. London School of Economics and Political Science (LSE). **Ethics of AI** (course). Badge de conclusão. 2021. Disponível em: https://lse.credential.getsmarter.com/6671dc86-132f-42a8-90f4-debf355b3f57#gs.exzjz5. Acesso em: 29 out. 2021

WEISE, E. Amazon same-day delivery less likely in black areas, report says. **USA Today**. 22 de abril de 2016. Disponível em: https://www.usatoday.com/story/tech/news/2016/04/22/amazon-same-day-delivery-less-likely-black-areas-report-says/83345684/. Acesso em: 21 out. 2021.

WHITE HOUSE'S OFFICE OF SCIENCE AND TECHNOLOGY. **Draft for Guidance for Regulation of Artificial Intelligence Applications.** 2019. Disponível em: https://www.whitehouse.gov/wp-content/uploads/2020/01/Draft-OMB-Memo-on-Regulation-of-AI-1-7-19.pdf. Acesso em: 31 out. 2021.

WIENER, Norbert. Some Moral and Technical Consequences of Automation. **Science**, v. 131, n. 3410, p. 1355-1358, 1960. Disponível em: http://www.jstor.org/stable/1705998. Acesso em: 28 out. 2021.

WOODIE, A. The future of the Metaverse + AI and Data Looks Bright. **Datanami**. 7 de janeiro de 2022. Disponível em: https://www.datanami.com/2022/01/07/the-future-of-

-metaverse-ai-and-data-looks-bright/. Acesso em: 1º fev. 2022.

ZALTA, Edward N. (ed.). **The Stanford Encyclopedia of Philosophy.** Winter 2016 Edition. Disponível em: https://plato.stanford.edu/archives/win2016/entries/law-limits/. Acesso em: 2 fev. 2022.

ZUBOFF, S. Big Other: Surveillance Capitalism and the Prospects of an Information Civilization. **Journal of Information Technology,** n. 30, p. 75-89, April 4, 2015. Disponível em: https://ssrn.com/abstract=2594754. Acesso em: 15 mar. 2022.